会计工匠大讲堂系列丛书

最新税收筹划

经典案例与深度解析

ZUI XIN SHUI SHOU CHOU HUA
JING DIAN AN LI YU SHEN DU JIE XI

主编◇陈茂芬

SPM
南方出版传媒
广东经济出版社
——广州——

图书在版编目（CIP）数据

最新税收筹划经典案例与深度解析 / 陈茂芬主编. —广州：广东经济出版社，2017.5（2017.11 重印）
ISBN 978-7-5454-5285-3

Ⅰ. ①最… Ⅱ. ①陈… Ⅲ. ①税收筹划-案例-中国Ⅳ. ①F812.423

中国版本图书馆 CIP 数据核字（2017）第 035398 号

出 版 人：姚丹林
责任编辑：郑秋瑛
责任技编：许伟斌

出版发行	广东经济出版社（广州市环市东路水荫路 11 号 11～12 楼）
经销	全国新华书店
印刷	广州家联印刷有限公司 （广州市天河区东圃镇吉山村坑尾路 3-2 号）
开本	730 毫米×1020 毫米 1/16
印张	9.5
字数	105 000 字
版次	2017 年 5 月第 1 版
印次	2017 年 11 月第 3 次
印数	5 001～7 000
书号	ISBN 978-7-5454-5285-3
定价	27.00 元

如发现印装质量问题，影响阅读，请与承印厂联系调换。
发行部地址：广州市环市东路水荫路 11 号 11 楼
电话：（020）38306055 37601950 邮政编码：510075
邮购地址：广州市环市东路水荫路 11 号 11 楼
电话：（020）37601980 营销网址：http://www.gebook.com
广东经济出版社新浪官方微博：http://e.weibo.com/gebook
广东经济出版社常年法律顾问：何剑桥律师

会计工匠大讲堂系列丛书编委会成员

目　录

业务合并的税收筹划 …………………………………………………… (1)
房地产企业土地增值税的税收筹划 ……………………………………… (6)
利用股权转让方式合理避税 ……………………………………………… (13)
物流与合同流、资金流、发票流不一致抵扣增值税的合同
签订技巧 ……………………………………………………………… (15)
特殊税务处理的酸与甜 …………………………………………………… (21)
月薪与全年一次性奖金的最佳组合 ……………………………………… (25)
土地增值税检查案例浅析 ………………………………………………… (29)
土地使用权转让的税收筹划 ……………………………………………… (36)
国有企业委托民营房地产开发企业建设职工活动中心的税收
筹划 …………………………………………………………………… (41)
销售商品的税收筹划 ……………………………………………………… (44)
ABC 公司拟以实物资产设立×××公司的涉税分析 ……………………… (48)
企业经营方式的税收筹划 ………………………………………………… (55)
农产品生产型出口企业的退税问题 ……………………………………… (57)
青岛 ABC 有限公司的税收筹划方案 ……………………………………… (62)
提前开具发票的税务风险控制及税收筹划 ……………………………… (70)
公司重组业务的税收筹划 ………………………………………………… (75)
技术研发费的税收筹划 …………………………………………………… (83)

关于企业改制兑付账务处理及涉税问题的建议 ……………(86)
个人所得税的税收筹划 ……………………………………(96)
促销活动的税收筹划 ………………………………………(104)
长期股权投资退出的税收筹划 ……………………………(109)
集团公司的税收筹划 ………………………………………(113)
房地产开发商对许诺赠送的装修、家私等支出的核算方法
及税负选择 ………………………………………………(115)
合作建房的税收筹划 ………………………………………(117)
股权转让个人所得税的税收筹划 …………………………(121)
化工装置转让的税收筹划 …………………………………(126)
A公司与B有限公司资产重组咨询启示 …………………(130)
土地增值税的税收筹划 ……………………………………(141)
营改增后母子公司所得税的税收筹划 ……………………(145)

业务合并的税收筹划

背景资料

A 股份有限公司（以下简称 A 公司）是一家在证券交易所上市的股份有限公司，主要经营包括传统燃油汽车和新能源汽车在内的汽车业务、手机部件及组装业务，以及二次充电电池及光伏业务。其中 C 电子有限公司（以下简称 C 公司）是其从事手机部件的子公司，A 公司持有 C 公司 96% 的股份，A 公司的另一全资子公司 D 锂电池有限公司（以下简称 D 公司）持有 C 公司 4% 的股份。

B 科技股份有限公司（以下简称 B 公司）是一家在证券交易所上市的股份有限公司，主要从事触摸屏和液晶显示屏等电子产品的生产和销售工作，在触摸屏和中小尺寸液晶显示屏方面市场地位领先。

A 公司目前主要业务聚中于汽车特别是新能源汽车业务的发展，手机电子件业务不属于公司未来战略发展重点，为充分发挥市场协调效应和战略共赢，A 公司拟将手机部件、LCD、Camera 等手机电子件业务转让给 B 公司。2015 年 2 月 12 日双方签订《战略合作暨非公开发行股份及支付现金购买资产框架协议》，A

公司拟向B公司出售全资子公司C公司100%的股权。在A公司与B公司交易之前，A公司拟将LCD、Camera业务的全部经营性资产、负债以及其相关生产、研发、采购和销售人员等一并注入C公司，在完成上述业务整合之后，A公司再向B公司出售C公司100%的股权。

上述涉及两个交易事项，即B公司的发行股份及支付现金购买资产的重大资产重组事项，以及A公司将LCD、Camera业务注入C公司的同一控制下业务合并事项，本案例仅就业务合并的涉税事项进行讨论。

一、D公司持有C公司的股权转让涉税事项

鉴于A公司拟向B公司出售子公司C公司100%的股权，为了便于操作，需要先将D公司持有的C公司的4%的股权转让给A公司。目前C公司的未分配利润约为3.8亿元，D公司持有C公司的4%的股权的账面价值为1600万元，根据重组协议交易对价约定，C公司2012年（含）之前的未分配利润由A公司享有，A公司决定对这部分未分配利润先进行分配，分配股利后，D公司持有C公司的4%的股权于2015年2月按照账面价值转让给A公司。

转让对价是否公允的问题缘于D公司应享受C公司的分红。关于股权转让，需符合以下两点才能适用财税〔2009〕59号和财税〔2014〕109号的特殊税务处理：

（1）转让的股权比例要达到50%以上；

（2）股权对价占总转让对价的比例需达到85%以上。

D公司转让C公司的4%的股权以现金支付对价，不符合财税〔2009〕59号和财税〔2014〕109号的规定，不能适用特殊税务处理。另外，根据财税〔2014〕109号规定，“100%直接控制的居民企业之间划转股权，可以选择特殊税务处理”。这里的划转应为无偿划转，鉴于此，D公司应确认应纳税所得额，在这种情况下，A公司在将C公司的股权转让给B公司时，其处置成本也会随之提高。由于D公司的适用税率低于A公司，因此在D公司层面缴纳所得税会使得A公司整体税负略有减轻。

基于以上分析，C公司可将2012年（含）之前的利润进行分配，分配之后再将D公司持有的C公司的股权转让给A公司。税务处理上D公司先确认应纳税所得额，并就股权转让事项与当地税务局沟通并备案。

二、A公司将LCD、Camera业务整合注入C公司的过程中存在的涉税事项

方案一：A公司将与LCD、Camera业务相关的固定资产、存货以销售形式转让给C公司，其中固定资产约1.6亿元，存货约2.47亿元。

1. 流转税事项。

A公司将与LCD、Camera业务相关的固定资产、存货以销售形式转让给C公司，会形成相应的增值税事项。鉴于固定资产中部分按照2%简易征收，A公司产生的相关的增值税销项税额约为6000万元，C公司购买该部分固定资产和存货，相关的增值税进项税额因存在2%简易征收部分，会小于A公司的销项税额，两者之间的差额形成不得抵扣的纳税损失。

2. 所得税事项。

A公司将与LCD、Camera业务相关的固定资产、存货以销售形式转让给C公司，不能够按照账面价值销售，需要按照公允价值进行销售，公允价值和账面价值形成A公司的应纳税所得额，B公司以固定资产和存货的公允价值作为计税基础。

方案二：按照同一控制下的业务合并，A公司将固定资产1.6亿元、存货2.47亿元，与业务相关的其他资产、负债类项目的差额1.7亿元，共计5.77亿元划转到C公司，C公司按照账面价值接受这部分业务的相关的资产和负债。

1. 流转税事项。

按照国家税务总局公告〔2011〕第13号、第51号文件的相关规定，纳税人在资产重组过程中，通过合并、分立、出售、置换等方式，将全部或者部分实物资产以及与其相关联的债权、负债和劳动力一并转让给其他单位和个人，不属于增值税和营业税的征税范围，其中涉及的货物、不动产和土地使用权的转让，不征收增值税和营业税。

2. 所得税事项。

根据财税〔2009〕59号、财税〔2014〕109号的相关规定，A公司将LCD、Camera业务无偿划转到C公司，是可以享受所得税特殊税务处理的。

注：上述被合并业务，相关债权债务以差额方式合并，是基于公司经营的实质而确定的，合并以前相关的债权和债务由原来主体催收或清偿，并不影响业务合并的事实。

三、结论

综上所述，A 公司可以先将 D 公司持有的 C 公司的 4% 的股权受让，D 公司确认股权转让所得，A 公司再将 LCD、Camera 业务作为同一控制下业务合并无偿划转到 C 公司。此方案无论从流转税还是所得税方面来说，都是较优且便于操作的。

房地产企业土地增值税的税收筹划

国家税务法规是税务部门征税的法律依据，企业进行税务筹划时，首先应立足于国家税务法规，立足于税法规定的税收优惠政策。在房地产税费中，土地增值税引人关注，原因一是税率较高，税负重；二是筹划余地较大，可以节省较多税金支出。

土地增值税税法规定，纳税人建造普通标准住宅出售，增值额未超过扣除项目金额20%的，可以享受免征土地增值税的优惠政策。

根据上述土地增值税的优惠政策，我们可以制订以下“临界点”筹划方案：

房地产开发公司开发一个项目，总要获得一定的利润，而利润高低又涉及土地增值税的多少，利润越大缴税越多，导致房价越高。因此，如何在行业中做到房价最低、应缴土地增值税最少、所获利润最多是房地产公司应该认真考虑的问题，这就涉及增值税的“临界点”问题了。

一、“临界点”

税法规定，纳税人建造普通标准住宅出售，增值额（转让收入减除税法规定的扣除项目金额后的余额）未超过扣除项目金额20%的，免征土地增值税；增值额超过扣除项目金额20%的，应就其全部增值额按规定计税。这里的“20%的增值额”就是“临界点”。

二、基本思路

根据土地增值税的税率特点及有关优惠政策，控制增值额，从而适用低税率或享受免税待遇。土地增值税税率实行四级超额累进税率，税率从30%到60%不等，增值额越多，税率越高。因此，增值额成为税率的决定因素，土地增值税筹划的关键点就是合理合法地控制、降低增值额。

控制增值额，必须从税法规定的五个扣除项目入手：取得土地使用权所支付的金额、房地产开发成本、房地产开发费用、与转让房地产有关的税金、财政部规定的其他扣除项目（主要是指从事房地产开发的纳税人允许扣除取得土地使用权所支付金额和开发成本之和的20%）。必须注意，税法允许扣除的项目比企业自己实际核算中涉及的项目要少，计算增值额时必须以税法的规定为准。

税法规定，纳税人建造普通标准住宅出售，如果增值额没有超过扣除项目金额的20%，免予征收土地增值税。纳税人既建造普通标准住宅，又进行其他房地产开发的，应分别核算增值额；不分别核算增值额或不能准确核算增值额的，其建造的普通标准住宅不享受免税优惠。房地产企业如果既建造普通住宅，又进行其他房地产开发，分开核算与不分开核算税负会有差异，这取决于两种住宅的销售额和可扣除项目金额。在分开核算的情况下，如果能把普通标准住宅的增值额控制在扣除项目金额的 20% 以内，从而免缴土地增值税，则可以减轻税负。

三、案例分析

1. 案例分析一：

某房地产开发企业 A，销售收入为 1.5 亿元，其中普通住宅销售额为 1 亿元，豪华住宅销售额为 5000 万元。税法规定的可扣除项目金额为 1.1 亿元，其中普通住宅为 8000 万元，豪华住宅为 3000 万元。

（1）不分开核算应缴纳的土地增值税。

增值率：（15000 − 11000）÷ 11000 × 100% = 36%

适用税率：30%

应纳税额：（15000 − 11000）× 30% = 1200（万元）

（2）分开核算应缴纳的土地增值税。

①普通住宅：

增值率：（10000 − 8000）÷ 8000 × 100% = 25%

适用税率：30%

应纳税额：（10000 − 8000）× 30% = 600（万元）

②豪华住宅：

增值率：（5000 − 3000）÷ 3000 × 100% = 67%

适用税率：40%

应纳税额：（5000 − 3000）× 40% − 3000 × 5% = 650（万元）

两者合计应纳税额：600 + 650 = 1250（万元）

如上所述，分开核算比不分开核算多支出税金 50 万元。原因在于普通标准住宅的增值率为 25%，已经超过 20%，仍须缴纳土地增值税。因此，必须通过进一步筹划，适当减少销售收入，使普通住宅的增值率控制在20%以内，从而达到免缴土地增值税、降低房价（或提高房屋质量、改善房屋配套设施等）的目的，在激烈的销售战中取得优势。下面，我们对上例给出的条件做一点改动，然后再来计算土地增值税的税负和企业的收益情况。

（3）进一步筹划后分开核算应缴纳的土地增值税。

进一步筹划的重点是将普通住宅增值率限制在20%以内，有以下两种方法：

①增加可扣除项目金额。

假定上例中其他条件不变，只是普通住宅的可扣除项目金额发生变化，使普通住宅的增值率限制在20%以内，那么可扣除项目金额从 $(10000-Y)\div Y\times 100\%=20\%$ 等式中可计算出 $Y=8333$ 万元。此时，普通住宅免税、豪华住宅应缴纳650万元，实际总共免税600万元；扣除为增加可扣除项目金额多支出的333万元，企业可增加收入267万元。增加可扣除项目金额的途径很多，比如增加房地产开发成本、增加房地产开发费用等，使商品房的质量进一步提高。

但是，在增加房地产开发费用时，应注意税法规定的比例限制。税法规定，开发费用的扣除比例不得超过取得土地使用权支付的金额和房地产开发成本金额总和的10%，而各省市在10%之内确定了不同的比例，要注意把握。这时，可以采用第二种方法。

②降低房屋价格。

降低房屋销售价格会导致销售收入减少，在可扣除项目金额不变的前提下，增值率自然会降低。这一方法是否适当，关键在于比较减少的销售收入和控制增值率减少的税金支出的大小，从而做出选择。假定上例中普通住宅的可扣除项目金额不变，仍为8000万元，要使增值率限制在20%以内，则销售收入从（X－8000）÷8000×100%＝20%中可求出，X＝9600万元。此时，该企业应缴纳的豪华住宅土地增值税为650万元，节省税金600万元，与减少的收入400万元相比节省了200万元，比第一种方法少节省67万元。

2. 案例分析二：

2016年，某集团下属的B房地产公司开发并销售普通商品住宅楼28798平方米，通过对楼层、采光和成本等多方面考虑决定，将每平方米的平均价格定为2900元。假定税法规定的可扣除项目金额为6836万元。

我们可以计算得到：

增值额＝28798×2900－68360000＝15154200（元）

增值率＝15154200÷68360000＝22.17%

此时，增值额超过允许扣除项目金额20%，但不超过50%。根据《中华人民共和国土地增值税暂行条例》中关于一般减免税的规定，建造普通标准住宅出售，其增值额未超过扣除项目中取得土地使用权所支付的金额、房地产开发成本、房地产开发费用、与转让房地产有关的税金、财政部规定的其他扣除项目等之和20%的，予以免税。增值额超过扣除项目金额之和20%的，应就其全部增值额按规定计税。计算得出：土地增值税＝1515.42×30%＝454.626（万元）。

有没有什么办法能减轻企业的税负呢？如何才能使企业享受国家关于土地增值税的优惠政策呢？经过税收筹划，就可以解决这个问题。我们可以设计这样一个方案，即该房地产公司可以通过将其销售部门独立出来，成立一家房屋销售公司，将住房以2800元的价格卖给销售公司，而后销售公司再以每平方米2900元的价格售出。

当每平方米的价格为2800元时，计算得出增值率=（28798×2800－68360000）÷68360000 =17.96%，增值额未超过扣除项目金额的20%，免征土地增值税。故可以将全部住宅售给销售公司，而免纳土地增值税。同时，销售公司只需要缴纳增值税及其附加税即可。

（1）筹划前该房地产公司的税负。

假设68360000元成本中能够取得3759800元（68360000×50%×11%）的进项抵扣税额，则：

应纳增值税：28798×2900×11% －3759800=5426762（元）

应纳城市维护建设税以及教育费附加：5426762×（7% +3%）=542676（元）

应纳印花税：28798×2900×0.05% =41757.1（元）

房地产公司合计应纳税额：4546260 +5426762 +542676 +41757.1=10557455.1（元）

（2）筹划后该房地产公司的税负。

应纳增值税：2800×28798×11% －3759800=5109984（元）

应纳城市维护建设税以及教育费附加：5109984×（7% +3%）=510998（元）

应纳印花税：2800×28798×0.05% =40317.2（元）

房地产公司合计应纳税额：5109984 +510998 +40317.2 =5661299.2（元）

（3）销售公司的税负。

应纳增值税：（2900－2800）×28798×11%＝316778（元）

应纳城市维护建设税以及教育费附加：316778×（7%＋3%）＝31677（元）

应纳印花税：2900×28798×0.05%＝41757.1（元）

2800×28798×0.05%＝40317.2（元）

应纳印花税合计：41757.1＋40317.2＝82074.3（元）

销售公司合计应纳税额：316778＋31677＋82074.3＝430529.3（元）

筹划后合计应纳税额：5661299.2＋430529.3＝6091828.5（元）

纳税筹划前后的税负差额：10557455.1－6091828.5＝4465626.6（元）

通过将销售部门独立出来成立销售公司，降低土地增值率来享受国家的税收优惠政策。这样虽然会增加一部分印花税负，但只要增加的税负小于减少的土地增值税，企业就有收益，房地产公司的税收负担比筹划前减少了4465626.6元，这一部分将转化为公司利润。但同时也要注意考虑其他的因素，如公司设立成本、费用转化成本以及其他纳税筹划成本等，否则会影响筹划效果。

通过以上两个案例可以看出，通过筹划将增值额控制在一定范围内，充分利用土地增值税税收优惠政策，可以为企业节省税费开支，增加企业的效益，让企业有更多、更充足的资金来发展，提高企业的竞争力。

利用股权转让方式合理避税

某房地产开发公司在一海边城市开发一幢五星级酒楼后出售给一外国投资者，开发成本为18亿元，售价为28亿元，按规定此项业务应纳营业税、城市维护建设税、教育费附加、印花税、土地增值税约1.77亿元。（计算过程略）

一、筹划分析

该房地产开发公司可以先投资成立一子公司“××大酒店”，酒店固定资产建成后，再将大酒店股权全部转让给外国投资者，则可免除上述税款，具体的操作过程如下：

（1）联合其他股东共同出资，成立一控股子公司“××大酒店”，××大酒店拥有法人资格，独立核算。

（2）××大酒店进行固定资产建设，相关建设资金由房地产开发公司提供，并作应付款项处理。

（3）固定资产建成后，房地产开发公司将拥有的大酒店的股权全部转让给外国投资者，房地产开发公司收回股权转让价款及大酒店所有债权。

二、筹划结果

经过上述一番筹划，虽然股权转让收益需要缴纳企业所得税，但这部分所得税是房地产开发收益本来就需要缴纳的，但股权转让业务不缴纳营业税、城市维护建设税、教育费附加和土地增值税，从而少纳了不动产转让过程的巨额税款。

物流与合同流、资金流、发票流不一致抵扣增值税的合同签订技巧

随着经济社会的发展，许多企业在采购过程中，基于物流成本的影响，经常出现物流与合同流、资金流、发票流不一致的问题。此种“四流不一致”的采购现象，能否抵扣增值税？是否存在税收风险？如果有税收风险，应如何防范规避？具体分析如下。

一、增值税涉税政策

1．国家税务总局公告2014年第39号文之规定。

根据《国家税务总局关于纳税人对外开具增值税专用发票有关问题的公告》（国家税务总局公告2014年第39号）的规定，对外开具增值税专用发票同时符合以下情形的，不属于对外虚开增值税专用发票。

（1）纳税人向受票方纳税人销售了货物，或者提供了增值税应税劳务、应税服务；

（2）纳税人向受票方纳税人收取了所销售货物、所提供应税劳务或者应税服务的款项，或者取得了索取销售款项的凭据；

（3）纳税人按规定向受票方纳税人开具的增值税专用发票相关内容，与所销售货物、所提供应税劳务或者应税服务相符，且该增值税专用发票是纳税人合法取得，并以自己名义开具的。

基于以上税法规定，第一条的基本内容是物流（服务劳务流），第二条的内容是资金流，第三条的内容是发票流。综合起来，根据国家税务总局公告2014年第39号的规定，如果一项销售行为或劳务行为同时满足销售方（劳务提供方）、增值税专用发票的开具方、款项的收款方是同一民事主体，或者说是满足“合同流、劳务流（物流）、资金流和发票流”等“四流一致”的采购行为（劳务行为），就不属于对外虚开增值税专用发票的行为。

2. 对国税发〔1995〕192号第一条第（三）项的理解。

《国家税务总局关于加强增值税征收管理若干问题的通知》（国税发〔1995〕192号）第一条第（三）项规定：“纳税人购进货物或应税劳务，支付运输费用，所支付款项的对象，必须与开具抵扣凭证的销货单位、提供劳务的单位一致，才能够申报抵扣进项税额，否则不予抵扣。”

该文件特别强调“所支付款项的对象，必须与开具抵扣凭证的销货单位、提供劳务的单位一致”，其含义是：至于谁支付款项并不重要，没有特别强调支付款项的单位，一定是采购方或劳务接受方，只要收款方与开具增值税专用发票的单位是同一个单位，则获取增值税专用发票的单位就可以抵扣进项税额，否则就不允许申报抵扣进项税额。因此，基于该税法条文，如果企业要抵扣增值税进项税额，就必须满足以下条件：合同中记载的销售方（劳务提供方）——合同流、发货单或提货单上记载的发货人——物流、增值税专用发票上的记载开票单位——发票流与实际收款单位——资金流等四流统一，才能抵扣增值税进项税额。该法条着重强调了销货方或劳务提供方的责任。

二、物流与合同流、资金流、发票流不一致的法理和涉税风险分析

物流与合同流、资金流、发票流等“四流合一”是增值税一般纳税人抵扣增值税进项税额，规避虚开增值税专用发票的重要法律要件。其中，如果出现“物流与合同流、资金流、发票流”不一致的情况，即使资金流和发票流的票款一致，但由于缺乏物流的支持和佐证作用，此类合同流很容易被认定为涉嫌假合同或阴阳合同。根据最高人民法院关于适用《全国人民代表大会常务委员会关于惩治虚开、伪造和非法出售增值税专用发票犯罪的决定》的若干问题的解释（法发〔1996〕30号）的规定，没有货物购销或者没有提供或接受应税劳务而为他人、为自己、让他人为自己、介绍他人开具增值税专用发票，均属于“虚开增值税专用发票”。

在实务中，特别是在现代物流业迅猛发展的今天，出现物流与合同流、资金流、发票流不一致的情况相对普遍。也就是说，当出现物流与合同流、资金流、发票流不一致的情况不一定是没有真实交易的行为，不一定是虚开发票的行为。作为税务主管部门，不能只片面、机械地看到物流与合同流、资金流、发票流不一致的情况，就认定为纳税人是虚开增值税专用发票的行为，而应根据交易的实际情况，合理判断是否是虚开增值税专用发票的行为。

因此，在实际采购中，如果出现了“物流与合同流、资金流、发票流”不一致的情况时，确实将面临一定的税务风险：很

可能被判断为没有真实交易行为，涉嫌虚开增值税专用发票。不仅在法律上构成虚开增值税专用发票罪，而且在税法上不能抵扣增值税进项税额。

三、物流与合同流、资金流、发票流不一致不能抵扣增值税的合同签订技巧及案例分析

1. 合同签订技巧。

为了规避物流与合同流、资金流、发票流不一致不能抵扣进项税额的税务风险，笔者认为应该通过以下合同签署技巧及合同内容约定来解决问题：

第一，在采购合同中必须有发货人条款。该条款要特别注明发往采购方（销售方的客户）货物的发货人是销售方（卖方）长期合作的货源供应商。

第二，在采购合同中必须特别强调发货方不是采购合同中货物销售方的主要依据，例如采购合同中货物销售方与真正的发货方之间的长期采购合作框架协议书，或者发货方受货物销售方的委托，代为管理存货等责任。

2. 案例分析。

（1）案情介绍。

甲企业是建筑材料生产厂家，乙企业是专门从事建筑材料销售业务的贸易公司，丙企业是建筑总承包企业。丙企业与乙企业签订采购合同，采购建筑材料2000万元（不含增值税），并公对公转账支付2340万元（含增值税）给乙企业，乙企业给丙企业开具了货款为2000万元（不含增值税）、增值税税额为340万元的增值税专用发票。甲企业与乙企业签订了长期采购框架协议，

协议约定：乙企业采购甲企业的货物，出于节约物流成本考虑，暂时将货物存放在甲企业的仓库里，乙企业销售给其客户的货物由甲企业根据乙企业的发货指令，直接发给乙企业的客户。同时协议还约定：甲企业开具17%的增值税专用发票给乙企业，乙企业直接开具17%的增值税专用发票给丙企业。请分析丙企业收到乙企业开具的货款为2000万元（不含增值税）、增值税税额为340万元的增值税专用发票，要申报抵扣增值税进项税额340万元，应如何签订采购合同才没有税收风险。

（2）涉税风险分析及规避税收风险的合同签订技巧。

根据前面的物流与合同流、资金流、发票流不一致的法理和涉税风险分析，丙企业与乙企业之间的交易行为，有合同流、资金流和发票流，但是没有物流，真正发货方是甲企业而不是乙企业，出现了物流与合同流、资金流、发票流不一致的情况。具体如下图所示：

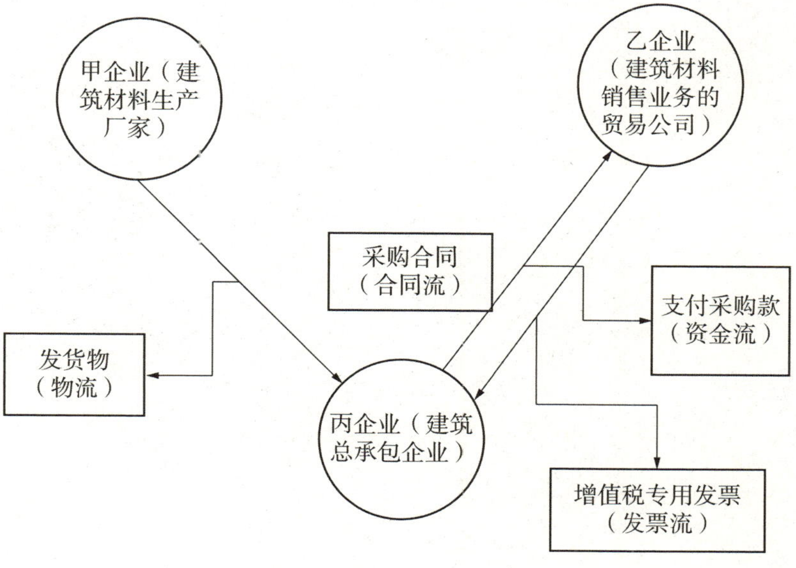

根据上图所示，丙企业面临的税收风险是：丙企业取得乙企业开具的增值税专用发票，涉嫌虚开发票，不可以抵扣增值税进项税额，要达到不是虚开增值税专用发票，可以抵扣增值税进项税额的目的，丙企业与乙企业必须正确签订以下采购合同：

第一，在采购合同中必须有发货人条款。该条款要特别注明发往采购方（丙企业）货物的发货人是销售方（卖方）（乙企业）长期合作的货源供应商（甲企业）。

第二，在采购合同中必须特别强调甲企业（发货方）发货给丙企业的主要依据——乙企业（货物销售方）与甲企业（发货方）之间的长期采购合作框架协议书。

特殊税务处理的酸与甜

说起特殊税务处理，大家自然而然地就想到要么可以享受税收优惠，要么延迟税款的缴纳。但是在实际操作过程中，总是那么不尽如人意，总有想不开的时候或是绕不过去的弯。文中为个人观点，如有不符合文件原意之处，敬请指教。

工作中遇到过股权置换的税务处理情况，完全符合财税〔2009〕59号第六条第二款特殊税务处理的相关规定，原则上可以采取特殊税务处理。

《财政部 国家税务总局关于企业重组业务企业所得税处理若干问题的通知》（财税〔2009〕59号）第六条规定："企业重组符合本通知第五条规定条件的，交易各方对其交易中的股权支付部分，可以按以下规定进行特殊性税务处理：（二）股权收购，收购企业购买的股权不低于被收购企业全部股权的75%【调整为"股权收购，收购企业购买的股权不低于被收购企业全部股权的50%"】，且收购企业在该股权收购发生时的股权支付金额不低于其交易支付总额的85%，可以选择按以下规定处理：1. 被收购企业的股东取得收购企业股权的计税基础，以被收购股权的原有计税基础确定。2. 收购企业取得被收购企业股权的计税基础，以被收购股权的原有计税基础确定。3. 收购企业、被收购企业的原有各项资产和负债的计税基础和其他相关所得税事项保持不变。”

但是鉴于特殊税务处理的以下关键点，经多方协调沟通，最终仍未能按特殊税务处理进行交税。

1. 特殊税务处理中，重组主导方的选择是重点，一般按和税务局的熟悉程度确定。

2. 因实际处理比较烦琐，现在山东公开的资料中，无可借鉴的案例。

3. 对被收购企业的股东来说，两种方式下税负相同，选用“特殊性税务处理”可以递延纳税。

4. 对收购企业来说，在最终转让收购的股权时，选用“特殊性税务处理”比选用“一般性税务处理”多纳税，因为在“特殊性税务处理”方式下，股权收购方获取的股权，其计税基础是股权转让方的原计税基础，其公允价值与计税基础的差额，在股权重组双方再次转让股权时需要分别纳税；而如果选用“一般性税务处理”，在股权转让方按被转让股权的公允价值纳税后，因计税基础的连续性，股权收购方取得股权的计税基础是公允价值。基于此，在资产收购、企业合并、企业分立的重组交易中，如果重组各方选用“特殊性税务处理”方式，也会出现上述重复纳税的税务处理结果。

举例来说，甲公司持有A公司100%的股权，该项投资的计税基础是1000万元，公允价值1亿元。2010年6月，甲公司与乙公司达成股权收购协议，乙公司收购A公司80%的股权，同时增发4000万股股份支付给甲公司，价值8000万元。以上交易符合59号文件规定的其他“特殊性税务处理”条件。2011年9月，甲公司将乙公司4000万股股份转让给丙公司，转让价格为9800万元。2011年10月，乙公司将A公司80%的股权转让给丁公司，转让价格为8800万元。

如果在2010年度的股权收购环节中，甲、乙双方选择采用“特殊性税务处理”，其应分别缴纳的税款计算如下：

在2010年度的股权收购环节中，甲公司暂不确认股权转让所得，乙公司取得的A公司80%的股权的计税基础是800万元（1000×80%），甲公司取得的乙公司4000万股股份的计税基础，是转让的A公司80%股权的计税基础，即800万元。2011年度，因股权转让，甲公司应缴纳企业所得税为2250万元［（9800－800）×25%］，乙公司应缴纳企业所得税为2000万元［（8800－800）×25%］，甲、乙两公司共缴纳税款4250万元。

但是，如果2010年甲、乙双方不选择“特殊性税务处理”，而是采用“一般性税务处理”，在上述交易中，甲、乙双方应缴纳的税款金额具体计算过程如下：

2010年度的股权收购环节，甲公司应缴纳企业所得税1800万元［（8000－800）×25%］。甲公司取得的乙公司的4000万股份的计税基础是8000万元，乙公司取得的A公司的80%的股权的计税基础是8000万元。

2011年度，甲、乙两公司因股权转让，甲公司应缴纳的企业所得税为450万元［（9800－8000）×25%］，乙公司应缴纳的企业所得税为200万元［（8800－8000）×25%］，甲、乙两公司共缴纳税款650万元。

通过以上案例可以看出，尽管国家出台了特殊税务处理的政策，但如果选择特殊税务处理，就意味着被收购方虽然可以延迟交税，但不能少交税，而对收购方来说，其可抵扣计税基础只能是原始成本，最终反而会增加其税负。如果收购方作为重组主导方，显然这不是明智的选择。

月薪与全年一次性奖金的最佳组合

对于员工拿到的工资薪金总额，可以合理安排月薪和全年一次性奖金的分配比例，使得工资薪金总额缴纳最少的个人所得税。

一、筹划项目基本情况

林先生的每月工资为4500元，该年林先生的奖金预计共有36000元。

二、纳税筹划过程

下面将奖金按月发放、年中和年末两次发放及年终一次性发放三种不同方案进行比较（扣除额按照个人所得税标准3500元计算）。

方案一：奖金按月发放，每月发放3000元，则林先生每月应纳税所得额为：

4500＋3000－3500＝4000（元）

4000元适用的税率为10%，则：

每月应纳税额＝4000×10%－105＝295（元）

年应纳个人所得税总额＝295×12＝3540（元）

方案二：年中7月份发放一次半年奖10000元，年末再发放一次全年奖26000元，则除7月份外，林先生应纳税所得额为：

4500 - 3500 = 1000（元）

适用税率为3%，每月应纳税额为：

1000 × 3% = 30（元）

7月份发放半年奖时，7月份纳税所得额为：

4500 + 10000 - 3500 = 11000（元）

7月份应纳税额 = 11000 × 25% - 1005 = 1745（元）

由于全年一次性奖金计税方法是一种优惠办法，一个纳税年度此法每人只许用一次。全年分次发放奖金的，也只能用一次。因此，年终奖金为26000元，适用税率和速算扣除数分别为10%和105［根据26000 ÷ 12 = 2167（元）确定］，此时，年终奖金应纳税额为26000 × 10% - 105 = 2495（元）。

年应纳个人所得税总额 = 30 × 11 + 1745 + 2495 = 4570（元）

方案三：年终一次性发放奖金36000元，林先生每月应纳税所得额仍为4500 - 3500 = 1000（元），每月应纳税额为1000 × 3% = 30（元）。

年终一次性发放奖金36000元，适用税率和速算扣除数分别为10%和105［根据36000 ÷ 12 = 3000（元）确定］。于是，年终一次性奖金应纳税额为36000 × 10% - 105 = 3495（元）。

年应纳个人所得税总额 = 30 × 12 + 3495 = 3855（元）

三、纳税筹划结论

从上述筹划分析中可以得出一个结论：年终奖金按月发放税负最轻，而年中和年末两次发放及年终一次性发放两种方式的税负则较重。

年终奖金在年中和年末两次发放及年终一次性发放之间，还存在一些技巧，如方案4。

方案四：年中7月份发放一次半年奖12000元，年末再发放一次全年奖24000元，此时，除7月份外，林先生应纳税所得额仍为 $4500-3500=1000$（元），每月应纳税额为30元。

7月份发放半年奖时，应纳税所得额为 $4500+12000-3500=13000$（元），应纳税额为 $13000\times25\%-1005=2245$（元）。

年终奖金为24000元，适用税率和速算扣除数分别为10%和105［根据 $24000\div12=2000$（元）确定］，于是，年终奖金应纳个人所得税额为 $24000\times10\%-105=2295$（元）。

这种情况下，年应纳个人所得税总额为 $30\times11+2245+2295=4870$（元）。

四、纳税筹划点评

根据不同工资薪金水平，计算出个人所得税负担最小化的月薪与年终奖组合的节税速查表如下：

月薪与年终奖组合的节税速查表

单位：元

序号	总薪酬 X	月度发放 Y	税率%	年度发放 Z	税率%
1	(0，42000]	X÷12	0	0	0
2	(42000 ，60000]	X÷12	3	0	0
3	(60000，78000]	5000	3	X－6000	3
4	(78000，114000]	(X－18000)÷12	10	18000	3
5	(114000，125，550]	(X－18000)÷12	20	18000	3

（续表）

序号	总薪酬 X	月度发放 Y	税率%	年度发放 Z	税率%
6	（125，550，150000】	8000	10	X－96000	10
7	（150000，204000】	（X－54000）÷12	20	54000	10
8	（204000，516000】	（X－54000）÷12	25	54000	10
9	（516000，516，720】	（X－54000）÷12	30	54000	10
10	（516，720，570000】	（X－108000）÷12	25	108000	20
11	（570000，669000】	（X－108000）÷12	25	108000	20
12	（669000，882000】	38500	25	X－462000	20
13	（882000，1，122000】	（X－420000）÷12	30	420000	25
14	以下略				

土地增值税检查案例浅析

一、单位基本情况

某房地产公司开发项目分两期进行，一期建设完毕并竣工验收，二期正在施工。一期项目建设分普通住宅、非普通住宅、地下车库，以及为整个项目服务的公共配套设施、基础设施，如幼儿园、综合楼、物业办公用房、主体景观绿化等。

一期可售建筑面积为 42746.08m^2，其中普通住宅 34799.74m^2，已售 34304.66m^2；非普通住宅 7946.34m^2，已售罄；住宅已售比例为 99%。依据国税发〔2009〕91 号（国家税务总局关于印发《土地增值税清算管理规程》的通知）第十条第一款的规定，项目已竣工验收，售房比例已超过 85%，已达到土地增值税清算条件。

二、检查实施过程

根据检查情况，检查组先后审查了开发项目的立项审批文件、土地合同及土地使用证、用地规划许可证、工程规划许可证、工程施工许可证、预售证、竣工验收备案表、销售房屋统计表等文件，同时审查了项目主体建设合同、售房合同。通过简单审核，对项目有了整体的了解。

为了对项目有更深的了解，检查组对项目进行了实地查看，对项目的绿化状况、道路情况、幼儿园的位置及占地面积、物业房的位置、综合楼实际使用情况、主体景观的完成情况、车库的具体位置及个数进行查验，并分别查看了不同的房屋户型，对房内的墙面、地面、门窗等施工情况进行了解。

同时，还听取了开发公司对项目的整体介绍，具体询问了项目的建设期间、招投标情况、主要施工方名称及所施工的项目、开发项目的预算造价以及房屋销售价格等情况，并向开发公司索取了有关的文件、账簿、招投标书、施工合同、工程决算书、销售合同等材料。

三、问题疑点、分析及税务处理

（一）预售房款未按规定预缴税款或延迟缴纳

《中华人民共和国营业税暂行条例实施细则》（财政部令第52号）第二十五条规定：纳税人转让土地使用权或者销售不动产，采用预收款方式的，其纳税义务发生时间为收到预收款的当天。

通过了解企业预售房款从收取到记账的程序及相关记录，将记录内容和发票、明细账、总账报表核对；登录企业报税系统核查相关数据，核对企业开具预收房款的发票金额与申报的预售房款；审查建设部门批准的预售房许可证，对照可预售的房屋的位置、地点、面积，审核企业历年来的账面售房收入与预交税款，比对售房合同与售房收入、售房收入与房产信息网信息。

经审核，发现房地产公司实际收到的房款大于缴纳营业税的交税基数，部分售房款记入了其他负债类科目。通过不在预收账款科目登记，记入其他负债项目，从而不结转收入，达到不缴税款及延迟纳税的目的。

（二）故意隐匿商品房销售收入

通过收集企业资料，查看企业在开发过程中取得的立项审批表、房屋开发规划书、预售许可证、土地转让合同、项目建筑平面图、竣工验收单等资料，了解到了企业开发项目的进展情况；从房地产主管部门收集各项目建筑面积，与账面记载面积、实地开发面积进行核对，确定了可销售面积；审查了企业各项会议记录、董事会决议，到销售部门实地查看了销售合同、统计数据、售房发票、收款收据等资料，与账载记录相核对，确认了收入准确性、及时性；根据未售房屋明细表，并到实地核对，确认了未售房数量、面积；抽查部分业主材料进行核对，看开票金额与收取货款金额是否一致。

经审核，发现备案销售表已售房屋套数大于提报的销售清单，在与财务人员的沟通中，了解到因开发项目销售时间较长，如账面确认收入就要交税，为了不在账面反映部分房款，售房款直接存入了公司个人卡。随后，房地产公司对账面进行了更正，补做了账务处理，缴纳了相关税金。

（三）成本归集划分不清

国税发〔2009〕91 号（国家税务总局关于印发《土地增值税清算管理规程》的通知）第二十一条规定：扣除项目金额应当准确地在各扣除项目中分别归集，不得混淆；扣除项目金额中所归集的各项成本和费用必须是在清算项目开发中直接发生的或应当分摊的；纳税人分期开发项目或者同时开发多个项目的，或者同一项目中建造不同类型房地产的，应按照受益对象，采用合理的分配方法，分摊共同的成本费用。

经检查公司开发成本明细账科目的设置情况，查看企业立项报告书和施工合同、决算报告、竣工验收单，了解了施工方承建的施工项目内容、项目的施工部位及其造价情况；根据工程造价书列示的项目决算金额与开发成本归集的金额比对，发现开发成本未严格按项目归集；工程决算滞后，暂估开发成本及应付款；建筑工程养老保障金与决算报告中的养老保障金重复列支，公共配套及基础设施在同一项目分期分摊不合理。

（四）资本性支出与费用化支出划分不清，随意加大开发间接费用的列支范围

通过审核开发成本明细账、记账凭证，检查原始凭证，并与相关合同核对，核实费用支出发生的真实性、相关性，仔细甄别费用支出是否与清算项目直接相关，特别是对金额较大的支出项目进行了重点审核，同时，询问了公司人员，对有疑问不能确定的，到项目现场实地查看。

经审查，公司的营销设施建造费、装饰用工艺品、上级公司收取的工程服务费、融资咨询费、前期物业管理费等记入了开发成本。同时，发现公司的一些日常管理费用，比如办公费、餐费、加油费、会务费等计入了开发间接费用。

对于开发间接费用，财法字〔1995〕6号（《中华人民共和国土地增值税暂行条例实施细则》）第七条第二款规定，开发间接费用，是指直接组织、管理开发项目发生的费用，包括工资、职工福利费、折旧费、修理费、办公费、水电费、劳动保护费、周转房摊销等。财务人员认为规定中的“等”应该包含办公费、餐费、加油费、会务费等相关支出。检查组对公司的疑问做出解答，不能随意加大开发间接费用的列支范围，税法规定列支的项目是列举式的，并参照其他税法规定进行解释。财务人员认为，如果列入开发成本可享受加计20%的好处，所以不在“开发间接费”中列支，而列支在“开发成本”，增加“开发成本”的列支金额。检查组随之对不符合规定的支出进行剔除，得到了企业的认可。

（五）虚增开发成本

通过审核开发成本明细账，发现账内列支了几笔大额的支出，如：绿化费、工程费、设计费、策划费等，开具发票的金额多为百万元整，并且开票单位多为北京的公司，同时账面多次列支了上述相关的支出。检查组对上述几笔业务进行了深入的检查，审核了相关的合同、款项的支付凭证、决算资料。审查中发现该开发项目多个单位提供了设计，多个单位实施了绿化工程，并且上述几笔业务只有发票，无合同、决算书等其他证据，检查组认为开发公司为了加大开发成本，虽然取得了合法的票据，但票据的真实性有待认定。经询问公司人员，公司人员坚持认定成本确实发生了，不存在虚列成本的问题，只存在未在劳务发生地取得发票的问题。针对公司人员的答复，检查组要求公司提供合同原件、决算书原件以及付款凭证原件以证明业务的真实性。至该项目清算末期，该房地产公司仍未提供上述证据，最终该房地产公司承认了虚列成本的事实，检查组对上述支出予以剔除。

四、相关经验及做法

房地产开发企业土地增值税清算一向烦琐而复杂，而各种规避方法也总是方式渠道不一。少记收入，多列支出，特别是无原则地增大享受20%加记扣除的前两项——土地和开发成本，是惯常的手法。而且在最后成本费用分摊问题上，总是千方百计地让最后的增值额达到最低。在检查时，严格按照土地增值税清算法规执行，积极与企业沟通，详细了解清算对象情况。针对容易出现的上述问题，除了核实准收入外，核准土地和成本费用当数重中之重。而各成本费用的核实，除了详细核对每笔成本费用的真实性外，还要对每张原始凭证逐一核实，看发票是否真实，实际结算金额与合同有无出入，如有出入，原因为何，有无宁肯拿出建筑业税款而多开发票虚增成本的情况。此外，内查的同时结合外调，落实准有关支出。核实准了土地成本和开发成本的两项可加计扣除项目，后面的三大费用便好说了。同时，要求我们要借助网络，多学习多对比，在企业对各项税收财务理论制度的掌握和驾驭能力具有相当水准的今天，要求我们提高自身贯彻和执行税收政策法规的能力。

五、政策、征管中存在的问题及建议

（一）转变征管方法，对开发项目成本实行动态跟踪监控

由于房地产项目差异很大，对于住宅以外的商业、别墅等类型项目，税务机关很难对其四项成本扣除制定出核定标准。因此，应从征管上入手，转变现有的征管思路，从企业项目开始建设时就对项目进行监控，可以按项目土地规整、主体结构建设、内部装修等不同阶段要求企业进行成本备案，形成项目成本系统档案，作为税务机关审核企业清算报告时的对比判定依据。另外，应加大对企业财务人员的培训辅导力度，在项目立项初期，结合土地

增值税的清算要求对企业财务记账方式进行规范，并定期检查，从而减小在清算阶段审核项目四项成本扣除的难度。

（二）细化住宅类项目四项成本扣除标准，增强可操作性

根据当地建设工程造价管理部门公布的建安造价定额资料，征管过程中再结合房屋结构、用途、区位等因素，对房地产开发企业办理土地增值税清算所附送的前期工程费、建筑安装工程费、基础设施费、开发间接费用的凭证或资料不符合清算要求或不实的，结合有关标准以上述四项费用组成的开发成本金额，作为单位建筑面积金额标准，并据以计算扣除。

（三）进一步明确清算审核中的相关政策

对于企业已达到清算要求但因部分工程款票据未结清而无法进行清算的问题，目前税务机关可以适当放宽以票据为依据的审核制度，按照以企业实际发生费用为扣除依据的思路，对于未取得票据的部分成本可以采用企业进行书面承诺、税务人员到相关单位进行调查以及清算完成后对企业进行稽查、检查的征管方式，在清算时先进行确认，以保证企业及时进行项目清算。

土地使用权转让的税收筹划

项目背景

某房地产开发企业拟转让其持有的一宗国有土地使用权。

一、拟转让股权企业基本情况

AA 置业公司成立于 2013 年 12 月，注册资本：1001 万元；类型：有限责任公司（自然人投资或控股）。

经营范围：房地产开发经营、物业管理服务、房屋租赁、酒店管理咨询服务、房地产经纪服务等。

二、净资产及股权结构

AA 置业公司所有者权益：4744373.66 元。其中，实收资本：10010000 元，自然人股东 XX 投入资本 9009000 元，占 90% 股份；YY 投入资本 1001000 元，占 10% 股份；未分配利润：－5265626.34 元。

三、土地信息

公司成立后以自有资金和借款资金取得一宗商务金融用地，

取得方式为出让，已缴纳土地价款15850000元，契税634000元，耕地占用税35373元，合计16519373元。

2015年办理完毕土地使用权证，土地使用权类型为出让，终止日期为2055年。土地仅进行了熟化处理，未进行进一步开发。

四、直接转让土地使用权涉税测算

假设：拟转让价款2660万元。

1. 营业税 =（2660 − 1652）×5% =50.4（万元）

2. 土地增值税：

扣除项目金额 =（1652 +50.4）×（1 +10% +20%）=2213.12（万元）

增值额 =2660 −2213.12 =446.88（万元）

增值率 =20.19%

应交土地增值税 =446.88 ×30% =134.06（万元）

3. 印花税 =2660 ×0.05% =1.33（万元）

4. 企业所得税（不考虑其他利润项目）=（2660 − 1652 − 50.4 −134.06 −1.33）×25% =205.55（万元）

5. 契税 =2660 ×3% =79.8（万元）

经测算，转让方涉税金额合计 =471.14（万元）

五、纳税筹划方案

假设转让价款2660万元，按照平价1001万元（股权原值暂不考虑其他交易税费）分次转让股权，溢价部分1659万元不作为股权转让金额，而作为购买方与AA置业公司之间的单位往来款项处理。

原有负债1200万元，转让之前需将土地熟化过程中已完成工程量但未结算部分，及时与施工方结算并要求开具发票，相应增加土地开发成本和负债。

负债金额仍有不足的部分，考虑原关联单位借款未计提资金占用费，建议完善借款合同并加算利息，利息部分由关联方开具发票，AA置业公司增加利息支出的同时增加负债金额。

六、纳税分析

（一）股权交易过程中的纳税分析

1. 股权转让双方应缴纳的印花税。

转让方：1001×0.05%＝5005（元）

受让方：1001×0.05%＝5005（元）

2. 营业税。

根据财税〔2002〕191号规定：对股权转让不征收营业税。

3. 契税。

根据财税〔2015〕37号第九条的规定，在股权（股份）转让中，单位、个人承受公司股权（股份），公司土地、房屋权属不发生转移，不征收契税。

4. 个人所得税。

股权转让收入1001万元减去投资成本后的余额为0，故不缴纳个人所得税。

股权转让的个人所得税为税务机关高度关注，国税发〔2014〕67号公告第十二条对符合公告条件的股权转让收入偏低的情形做出了规定，对不符合规定条件的要核定股权转让收入。按照国税发〔2014〕67号公告第十四条的规定，被投资企业的土地使用权、房屋，房地产企业的未售房产，知识产权，探矿权，采矿权，股权等资产占企业总资产比例超过20%的，主管税务机关可参照纳税人提供的具有法定资质的中介机构出具的资产评估报告核定股权转让收入。

鉴于AA置业公司土地使用权已超过规定比例，可按照规定聘请中介机构出具资产评估报告，合理确定土地使用权的公允价值。企业目前处于亏损状态，股份对应的净资产低于实收资本，加之房地产行业不景气，去库存压力大，尤其是商业地产受电商冲击严重，平价转让股权在目前情况下是可以理解的，但由于土地使用权存在隐含的增值，需要与主管税务机关做好沟通。

5. 土地增值税。

由于分次转让股权，规避了国税函〔2000〕687号的一次性100%转让股权征收土地增值税的情况，故无须缴纳土地增值税。同时，土地的计税成本就是其账面价值，受让企业不会承担税负转移的风险。

6. 企业所得税。

是否缴纳企业所得税与土地使用权评估的公允价值相关，该地块地理位置相对偏僻，且为商业金融用地，升值空间有限，评估后公允价值不会增加太多。经过计算，AA置业公司印花税、利息支出将减少利润总额192万元，加上以前年度亏损94万元（未考虑纳税调整因素），如果评估后公允价值合理，将不会产生企业所得税。

（二）股权交易之前筹划涉税

与关联企业签订借款合同，年利率为14.4%（未超过银行同期贷款利率的4倍），借款期限至100%股权转让的交割日。经计算，借款利息月为 192 万元，由关联公司分别到税务机关代开利息发票，缴纳营业税及附加税费。代开利息发票需缴纳税费，营业税金及附加税费合计约为 108324 元（企业之间借款不属于印花税列举税目，无须缴纳印花税）。

（三）筹划涉税合计

概括本方案，AA 置业公司股东转让股权的个人所得税为 0，股权转让双方缴纳印花税 10010 元，开具利息发票税费 108324 元，总计缴纳税费 118334 元。

本方案减少了股权转让双方的税款支出，增加了 AA 置业公司计税成本和财务费用，在具体操作过程中需严格按照税法及相关税收法规的规定，完善合同及资料，有计划、有步骤地实施，尽量避免产生纳税风险。

国有企业委托民营房地产开发企业建设职工活动中心的税收筹划

背景资料

某国企A公司委托一民营房地产开发企业B房地产开发公司建设一个老年职工活动中心，资金全部是A公司出的，开发手续和财务核算都在B房地产开发公司名下。现该活动中心已交接，但没有交易过户，开发商也没有开具发票。问：采用何种方式税负最低？怎样才能做到既能过户办手续又能减轻交易环节的税负？

一、筹划方案

1. B房地产开发公司以建设完成的职工活动中心出资成立一家C公司，职工活动中心的出资作价是其账面成本，包括土地款、建房成本和10%以内的相关费用，不要出现增值，以账面成本出资（因该房产为非商业房产，交易案例较少，且刚建成，重置成本价应为该房产的公允价）。A公司以支付给B房地产开发公司的管理费和开发利润，即A公司支付给B房地产开发公司的全部资金超过实际开发成本的部分，作为现金出资投入新设立的公司。

2．C 公司成立后，全部股权转让给 A 公司，转让价格为注册资本价，不出现增值或减值。

3．A 公司以前期投入 B 房地产开发公司的全部价款作为一般借款在 B 房地产开发公司入账，股权转让后，双方债权债务相抵。

二、减税依据

企业以房地产进行投资的，根据不同税种其处理方式有所不同，具体如下：

1．营业税。

营改增后为增值税。《财政部 国家税务总局关于股权转让有关营业税问题的通知》（财税〔2002〕191 号）规定：以不动产投资入股，参与接受投资方利润分配，共同承担投资风险的行为，不征收营业税，对股权转让不征收营业税。因此，本案例无须缴纳营业税（增值税）。

2．土地增值税。

《财政部 国家税务总局关于土地增值税若干问题的通知》（财税〔2006〕21 号）第五条规定：对于以土地（房地产）作价入股进行投资或联营的，凡所投资、联营的企业从事房地产开发的，或者房地产开发企业以其建造的商品房进行投资和联营的，均不适用《财政部 国家税务总局关于土地增值税一些具体问题规定的通知》（财税字〔1995〕048 号）第一条暂免征收土地增值税的规定。所以，本案例中，投资方作为房地产开发企业，无论对方企业是否为房地产企业，该开发商品房投资时均应计征土地增值税。

本案例中，我们以投资房地产的账面成本出资，未出现增值，也就无须缴纳土地增值税。

3. 企业所得税。

《中华人民共和国企业所得税法实施条例》规定，以非货币性资产出资超过账面价值的部分应缴纳所得税（国务院财政、税务主管部门另有规定的除外）。本案例中以房地产出资未超过账面价值，未出现账面利润，故也无须缴纳企业所得税。

4. 印花税。

根据印花税的相关规定，财产所有权的转移应当按“产权转移书据”税目征收印花税，其计税价格应当以评估机构的评估价作为依据。本案例应缴纳印花税。

二、减免税汇总

1. 可减免房地产开发环节的增值税（营业税）、土地增值税、企业所得税；

2. 可减免国企 A 公司支付给 B 房地产开发公司的该开发项目的管理费和利润部分应缴纳的税金。

销售商品的税收筹划

一、何为税收筹划

税收筹划是指纳税人或扣缴义务人在既定的税制框架内，通过对纳税主体的战略模式、经营活动、投资行为等理财涉税事项进行事先规划和安排，以达到节税、递延纳税或降低纳税风险为目的的一系列谋划活动。

税收筹划与逃税不同，逃税是指负有纳税义务的纳税人，故意违反税法，通过对已发生的应税经济行为进行隐瞒、虚报等欺骗手段，以达到逃避缴纳税款的目的，具有明显的违法性和欺诈性。

二、案例分析

近年来，百货行业的竞争日益加剧，企业要想在商品同质化程度高的环境中脱颖而出，就必须不断改进营销方式，以促使企业持续健康发展。商场流行的促销活动方式主要有打折、满减、买赠、满额赠、返券、抽奖等，不同促销方式所适用的税收政策各不相同，故而在策划促销活动时，应将税收因素考虑在内，以优化营销方案。促销活动的举办需要各个部门全力配合，促销方式要不断推陈出新，吸引顾客参与其中，方能使活动达到预想的效果。对促销活动的税收筹划，亦应根据活动方式的变化不断创新，提出合理化的建议，在不违反国家税收政策的前提下，尽量减轻企业税负。

（一）案例描述

某商场商品销售利润率为40%，即销售100元商品，其成本为60元。商场是增值税一般纳税人，购货均能取得增值税专用发票（各附加税种为简化按照10%计），为促销欲采用以下三种方案：

方案一：将商品以7折销售；

方案二：凡是购物满100元者，均可获赠价值30元的商品（成本为18元）；

方案三：凡是购物满100元者，将获返还现金30元。

（注：以上价格均为含税价格）

假定消费者购买一件价值100元的商品，对该商场来说以上三种方案的应纳税情况及利润情况如下：

方案一：7折销售，价值100元的商品的售价为70元。

增值税 $=70\div(1+17\%)\times17\%-60\div(1+17\%)\times17\%=1.45$（元）

利润额 $=70\div(1+17\%)\times17\%-60\div(1+17\%)-1.45\times10\%=8.41$（元）

应缴所得税 $=8.41\times25\%=2.10$（元）

税后净利润 $=8.41-2.10=6.31$（元）

方案二：购物满100元，赠送价值30元的商品（成本为

18 元）。

应纳增值税 = 100 ÷（1 + 17%）× 17% － 60 ÷（1 + 17%）× 17% =5.81（元）

赠送 30 元商品视同销售：

应纳增值税 =30 ÷（1 +17%）×17% －18 ÷（1 +17%）×17% = 1.74（元）

合计应纳增值税 =5.81 +1.74 =7.55（元）

利润总额 = 100 ÷（1 + 17%）－ 60 ÷（1 + 17%）－ 18 ÷（1 + 17%）－7.55 ×10% =18.05（元）

应纳企业所得税 =18.05 ×25% =4.51（元）

税后净利润 =18.05 －4.51 =13.54（元）

方案三：购物满 100 元返回现金 30 元。

增值税：

应缴纳增值税税额 = 100 ÷（1 + 17%）× 17% － 60 ÷（1 + 17%）×17% =5.81（元）

企业所得税：

利润总额 =100 ÷（1 +17%）－60 ÷（1 +17%）－30 －5.81 × 10% =3.609（元）

应纳所得税额 =［100 ÷（1 +17%）－60 ÷（1 +17%）－0.581］×25% =8.402（元）

税后净利润 =3.609 －8.402 = －4.79（元）

（二）案例比较

通过上述方案可以看出在销售收入不变的情况下，选择方案二可以实现利润的最大化，商场销售金额越大，这种差异就会越大。由此可见，采用不同的促销手段不仅税收负担截然不同，对商家利润的影响也是显而易见的。所以，商家不能盲目选择促销手段，而是要考虑税收的影响，以便做出最优选择。当然，税款缴纳少的方案不一定就是商家的首选，因为商家往往更看中如何实现既定的目标，比如争夺消费者，占领某一市场份额等，还要考虑哪种促销手段对消费者的刺激最大，等等。因此，只有从商家的总体经济利益出发，才能使税收筹划起到为企业出谋划策的作用。

（三）商场促销税收筹划依据

1. 国税函〔2008〕875 号文件规定：企业为促进商品销售而在商品价格上给予的价格扣除属于商业折扣，商品销售涉及商业折扣的，应当按照扣除商业折扣后的金额确定销售商品收入金额。

2.《中华人民共和国增值税暂行条例实施细则》第四条规定：单位或个体经营者“将自产、委托加工或购买的货物无偿赠送他人”视同销售货物。基于此规定，就意味着企业或个体工商户发生有偿捐赠的商品不视同销售货物，无须缴纳增值税；如果发生无偿赠送货物或商品的行为，则要视同销售货物，缴纳增值税。

3.《关于企业处置资产所得税处理问题的通知》（国税函〔2008〕828 号）第二条规定：因资产所有权属已发生改变而不属于内部处置资产，应按规定视同销售确定收入。

三、总结

税收筹划的本质是在税制约束下寻找税收空间，即讲求规则约束下的变通、转化和对策。运用税收筹划的转化思想，主要包含三种技术手段：业务形式的转化、业务口袋的转化、业务期间的转化。从总体经济利益出发，在法律允许的范围内合理地利用技术手段，才能在避免风险的同时为企业增加利益。

ABC公司拟以实物资产设立×××公司的涉税分析

管金明

背景资料

ABC公司转型升级发展项目（年产30万吨某项目，以下简称项目），计划今年年底建成投产。为实现公司既定的发展战略规划目标，ABC公司经研究计划设立×××公司，公司股东（发起人）、出资比例及出资方式如下：

1. ABC公司持股90%，出资27000万元。出资方式：现金、土地使用权、房屋建筑物、设备等实物资产、无形资产（专有技术）。

2. DEF公司持股10%，出资3000万元，出资方式：现金。

在ABC公司拟用于出资的实物资产中，土地已经办理了土地证，房屋建筑物及设备等正处于建筑安装阶段，尚未办理竣工决算手续。

涉税分析

对上述材料进行分析后，初步设定两种方案，具体如下：

方案一：以建好的固定资产以及土地使用权直接投资成立新公司。

该方案是以非货币性资产出资，在流转税和所得税方面均须按视同销售进行税务处理，具体情况如下：

1. 增值税。

财税〔2016〕36 号文件附件一《营业税改征增值税试点实施办法》第十条规定：销售服务、无形资产或者不动产，是指有偿提供服务、有偿转让无形资产或者不动产。财税〔2016〕36 号文件附件二《营业税改征增值税试点有关事项的规定》第一条第四款“进项税额”规定：适用一般计税方法的试点纳税人，2016 年 5 月 1 日后取得并在会计制度上按固定资产核算的不动产或者 2016 年 5 月 1 日后取得的不动产在建工程，其进项税额应自取得之日起分两年从销项税额中抵扣，第一年抵扣比例为 60%，第二年抵扣比例为 40%。取得不动产，包括以直接购买、接受捐赠、接受投资入股、自建以及抵债等各种形式取得不动产，不包括房地产开发企业自行开发的房地产项目。将不动产投资入股换取股权行为属于有偿转让无形资产或者不动产，按有偿销售不动产、无形资产行为征收增值税。

2. 印花税。

《中华人民共和国印花税暂行条例》规定：“产权转移书据按所载金额万分之五贴花。”企业将不动产过户时，需要根据不动产的作价缴纳印花税。

3. 契税。

《中华人民共和国契税暂行条例细则》第八条规定，以土地、房屋权属作价投资、入股，视同土地使用权转让、房屋买卖或者房屋赠与征税。

4. 土地增值税。

《财政部 国家税务总局关于土地增值税一些具体问题规定的

通知》（财税字〔1995〕048 号）第一条规定：对于以房地产进行投资、联营的，投资、联营的一方以土地（房地产）作价入股进行投资或作为联营条件，将房地产转让到所投资、联营的企业中时，暂免征收土地增值税。投资、联营企业将上述房地产再转让的，应征收土地增值税。

5. 所得税。

根据《财政部 国家税务总局关于非货币性资产投资企业所得税政策问题的通知》（财税〔2014〕116 号）和《国家税务总局关于非货币性资产投资企业所得税有关征管问题的公告》（ 国家税务总局公告 2015 年第 33 号）的规定，实物资产出资应当视同销售确认所得，具体规定如下：

（1）居民企业（以下简称企业）以非货币性资产对外投资确认的非货币性资产转让所得，可在不超过 5 年期限内，分期均匀计入相应年度的应纳税所得额，按规定计算缴纳企业所得税。

（2）企业以非货币性资产对外投资，应对非货币性资产进行评估并按评估后的公允价值扣除计税基础后的余额，计算确认非货币性资产转让所得。

方案二：以货币资金投资成立新公司后，将在建工程以及与其相关联的债权、负债和劳动力一并划转至子公司（资产划转，是指 100% 直接控制的居民企业之间，以及受同一或相同多家居民企业 100% 直接控制的居民企业之间按账面净值划转资产的行为，包括母公司向子公司、子公司向母公司以及子公司之间等四种情形的资产划转），以此实现资产重组，以享受国家关于企业重组的相关税收优惠。具体如下：

1. 增值税。

《中华人民共和国增值税暂行条例实施细则》第四条第（六）、（七）、（八）项的规定，将自产、委托加工或者购进的货物作为投资，提供给其他单位或者个体工商户；将自产、委托加工或者购进的货物分配给股东或者投资者；将自产、委托加工或者购进的货物无偿赠送其他单位或者个人，均视同销售货物，征收增值税。

《国家税务总局关于纳税人资产重组有关增值税问题的公告》（国家税务总局公告2011年第13号）规定："纳税人在资产重组过程中，通过合并、分立、出售、置换等方式，将全部或者部分实物资产以及与其相关联的债权、负债和劳动力一并转让给其他单位和个人，不属于增值税的征税范围，其中涉及的货物转让，不征收增值税。"

以实物资产出资按增值税条例的规定视同销售，同时按照13号公告的规定，将"全部或者部分实物资产以及与其相关联的债权、负债和劳动力一并转让给其他单位和个人"的行为属于重组中出售的重组方式。

2. 印花税。

《中华人民共和国印花税暂行条例》规定："产权转移书据按所载金额万分之五贴花。包括财产所有权和版权、商标专有权、专利权、专有技术使用权等转移书据，均应当按规定缴纳印花税。"

3. 契税。

《财政部 国家税务总局关于进一步支持企业事业单位改制重组有关契税政策的通知》（财税〔2015〕37号）第六条规定："同一投资主体内部所属企业之间土地、房屋权属的划转，包括母公司与其全资子公司之间，同一公司所属全资子公司之间，同一自然人与其设立的个人独资企业、一人有限公司之间土地、房屋权属的划转，免征契税。”

此方案下，须ABC公司先行设立×××公司，待实物资产划转到位后，DEF公司再行增资，以符合全资子公司的规定。

4．土地增值税。

《财政部 国家税务总局关于土地增值税一些具体问题规定的通知》（财税字〔1995〕48号）第一条规定：对于以房地产进行投资、联营的，投资、联营的一方以土地（房地产）作价入股进行投资或作为联营条件，将房地产转让到所投资、联营的企业中时，暂免征收土地增值税。投资、联营企业将上述房地产再转让的，应征收土地增值税。

5．所得税。

特殊性税务处理（国家税务总局公告2015年第48号）：

《关于促进企业重组有关企业所得税处理问题的通知》（财税〔2014〕109号）第三条规定：对100%直接控制的居民企业之间，以及受同一或相同多家居民企业100%直接控制的居民企业之间按账面净值划转股权或资产，凡具有合理商业目的，不以减少、免除或者推迟缴纳税款为主要目的，股权或资产划转后连续12个月内不改变被划转股权或资产原来实质性经营活动，且划出方企业和划入方企业均未在会计上确认损益的，可以选择按以下规定进行特殊性税务处理：

（1）划出方企业和划入方企业均不确认所得；

（2）划入方企业取得被划转股权或资产的计税基础，按被划转股权或资产的原账面净值确定；

（3）划入方企业取得的被划转资产，应按其原账面净值计算折旧扣除。

国家税务总局公告 2015 年第 40 号第一条规定：财税〔2014〕109 号第三条所称“100% 直接控制的居民企业之间，以及受同一或相同多家居民企业 100% 直接控制的居民企业之间按账面净值划转股权或资产”，限于以下情形：

（1）100% 直接控制的母子公司之间，母公司向子公司按账面净值划转其持有的股权或资产，母公司获得子公司 100% 的股权支付。母公司按增加长期股权投资处理，子公司按接受投资（包括资本公积，下同）处理。母公司获得子公司股权的计税基础按划转股权或资产的原计税基础确定。

（2）100% 直接控制的母子公司之间，母公司向子公司按账面净值划转其持有的股权或资产，母公司没有获得任何股权或非股权支付。母公司按冲减实收资本（包括资本公积，下同）处理，子公司按接受投资处理。

（3）100% 直接控制的母子公司之间，子公司向母公司按账面净值划转其持有的股权或资产，子公司没有获得任何股权或非股权支付。母公司按收回投资处理，或按接受投资处理；子公司按冲减实收资本处理。母公司应按被划转股权或资产的原计税基础，相应调减持有子公司股权的计税基础。

（4）受同一或相同多家母公司 100% 直接控制的子公司之间，在母公司主导下，一家子公司向另一家子公司按账面净值划转其持有的股权或资产，划出方没有获得任何股权或非股权支付。划出方按冲减所有者权益处理，划入方按接受投资处理。

一般性税务处理：

根据《国家税务总局关于资产（股权）划转企业所得税征管问题的公告》（国家税务总局公告2015年第40号）的规定，不符合特殊性税务处理条件的，交易双方应按以下规定进行税务处理：

属于前述第（1）项规定情形的，母公司应按原划转完成时股权或资产的公允价值视同销售处理，并按公允价值确认取得长期股权投资的计税基础；子公司按公允价值确认划入股权或资产的计税基础。

属于前述第（2）项规定情形的，母公司应按原划转完成时股权或资产的公允价值视同销售处理；子公司按公允价值确认划入股权或资产的计税基础。

属于前述第（3）项规定情形的，子公司应按原划转完成时股权或资产的公允价值视同销售处理；母公司应按撤回或减少投资进行处理。

属于前述第（4）项规定情形的，划出方应按原划转完成时股权或资产的公允价值视同销售处理；母公司根据交易情形和会计处理对划出方按分回股息进行处理，或者按撤回或减少投资进行处理，对划入方按股权或资产的公允价值进行投资处理；划入方按接受母公司投资处理，以公允价值确认划入股权或资产的计税基础。

综上所述，选择方法二，应当是税负较低的方式，但其执行中存在较大的不确定性，各级税务部门在对重组的税收政策的理解和执行尺度方面均存在差异，如确定选择方案二，须提前与各级税务部门充分沟通，大家达成一致意见后方可执行。

企业经营方式的税收筹划

案例一

背景资料

有一家外商投资企业A公司（两免三减半已经结束，经营期不到10年），属于高新技术企业，股东中的中方是两个自然人，外方是一个外国人。另有一家内资企业B公司，近期准备上市。由于A公司和B公司属于关联企业（中方股东一致），现A公司想把B公司合并过来，准备以吸收合并的方式进行。

方案设计分析

因为吸收合并手续比较复杂，A公司属于外资企业还需要外经贸主管部门批准，而且合并后可能会影响所得税优惠政策的继续享受，所以吸收合并的方式不是最优选择，建议采用合并报表方式进行企业合并，即两个自然人将在A公司的股权进行评估作价投入B公司，增加对A公司的股权，这样A公司就成了B公司的控股子公司，从而可以并入拟上市公司的会计报表，增厚业绩和经营规模。

案例二

背景资料

一客户为主营动物保健品的公司，因为该类产品毛利较高，增值税可抵扣税额较少，税负一直较高，企业要求合法降低税负。

方案设计分析

1. 公司修改经营范围，变更为专业技术服务业，提供家禽、牲畜、水生动物的配种和疾病防治技术服务，这样就可以享受免征增值税的优惠待遇。

2. 如果不能变更公司纳税人类型，建议公司单独设立一家动物保健技术服务公司，药品生产的公司可以平价销售药品给动物保健技术服务公司，也能享受免税待遇。

政策依据

财税〔2016〕36 号文规定：下列项目免征增值税：（十）农业机耕、排灌、病虫害防治、植物保护、农牧保险以及相关技术培训业务，家禽、牲畜、水生动物的配种和疾病防治。

家禽、牲畜、水生动物的配种和疾病防治业务的免税范围，包括与该项服务有关的提供药品和医疗用具的业务。

农产品生产型出口企业的退税问题

A公司是农产品出口企业，主营业务：收购农产品后，经过简单挑选、整理、包装后，报关出口。挑选出来的等级较差及残次的农产品在国内市场销售，增值税税率为17%；农产品从农户那里收购，自开收购单，税率为13%；出口退税率为5%。2015年相关财务数据如下：

毛利计算表

	数量	单价	金额
收入	99000.00	2191.92	217000000.00
其中：内销	4000.00	2000.00	8000000.00
外销	95000.00	2200.00	209000000.00
成本	100000.00	2000.00	200000000.00
其中：内销	4040.40	2000.00	8080808.08
外销	95959.60	2000.00	191919191.92
加工成本	100000.00	100.00	10000000.00
其中：内销	4040.40	100.00	404040.40
外销	95959.60	100.00	9595959.60
毛利	99000.00	70.71	7000000.00
其中：内销	4000.00	-121.21	-484848.48
外销	95000.00	78.79	7484848.48

退税计算表

采购成本	200000000.00
税率	13%
进项税额	26000000.00
退税率	5%
不得免征和抵扣税额	16000000.00
销项税率	17%
销项税收入	8000000.00
销项税额	1360000.00
出口退税	8640000.00
实际退税率	4.13%

公司董事会要求提高实际退税率，组织财务部、业务部相关人员进行讨论。

1. 财务人员甲：

实际退税 = 进项税额 − 采购成本 × 免抵退税不得免征和抵扣税率

− 销项税

= 200000000 ×（13% − 5%）

= 200000000 × 13% − 200000000 ×（13% − 5%）

− 8000000 × 17%

= 8640000（元）

实际退税率 = 8640000 ÷ 209000000 = 4.13%

实际退税率 =（采购成本 × 8% − 内销收入 × 17%）÷ 外销收入 =（外销采购成本 + 内销采购成本）÷ 外销收入 × 8% − 内销收入 ÷ 外销收入 × 17% = 外销采购成本率 × 8% − 内外销比例 × 17% +

内销采购成本 ÷ 外销收入 ×8%

提高实际退税率主要应采取的措施：第一，提高外销采购成本率，尽量提高采购成本比例，例如：加工环节所有费用怎么才能变成采购成本？收购单单价我们可以自己控制，提高收购单价格，减少加工环节费用。第二，降低内外销比例，内销若降到0，退税率可以达到最大5%。

财务经理点评

公司可以自己开农产品收购单并据以作为抵扣进项税的依据，是由公司生产型出口企业的经营范围决定的。只要是生产型，产品成本就不能只有采购成本，必须要有加工环节的相应成本。否则，就得要求对方开具正规增值税发票，而不是我们自己开收购单解决的问题了。

2. 财务人员乙：

在目前出口额不能再增加的情况下，最好是提高外销的发票价格。但是许多国家因为关税问题，往往要求我们压低报关价格，故发票价格往往也降低了。发票价格和实际回收货款不一致，造成很多客户的应收账款没办法做平。

3. 出口部业务经理丙：

客户要求压低报关价，这往往是我们谈判博弈的结果。有的国家没这种要求，我们是不是可以人为地提高一些发票的价格，将这种差异争取最终消化掉？

财务经理点评

应收账款是按照客户单独设置明细户核算的，发票价格差异没有办法处理。一旦被税务稽查发现，就要被处罚。况且，人为地提高发票价格，会造成大量应收账款形成死账，要报批处理非常困难。

4．企业管理部门经理丁：

是否可以通过投资子公司的方式解决收购单问题？我们目前公司变更为贸易型公司，只做出口业务。再成立一家子公司，在收购环节开收购单，专门给贸易公司开增值税专用发票。这样一来，贸易公司就非常干净，专门申报出口退税。子公司可以适当提高收购单的价格，把很多费用通过多开收购单方式来解决掉。

财务经理点评

无论是通过子公司形式还是其他形式，新建企业与公司还是紧密联系在一起的，很容易被认定为关联方，定价也有限制，不是很随意的。只要给新公司保留一定利润，就要承担较高的增值税。另外，进项税税率 13%，销项税税率 17%，新公司税负较高。出口额不变，退税额基本确定，多出来的增值税反而形成新成本。

两家公司缴税情况统计表

单位：元

	生产公司	贸易公司	抵销后合计
收入	213515151.52	209000000.00	213515151.52
销项税额	36297575.76		36297575.76
进项税额	26000000.00	34937575.76	26000000.00
实际缴（退）税	10297575.76	－10275757.58	21818.18

贸易公司实际退税小于生产公司缴税，而且退税时间长，货币有时间价值。贸易公司与生产公司合并缴税 21818.18 元，目前的生产型公司每年退税 8640000 元。因此，改变目前生产型企业的提法不可取。

财务总监总结

第一，报关价格虚低的做法一定要立刻停止，清查以前业务由于报关价低而造成的差异，争取在以后年度陆续通过同一客户提高报价而处理掉。至于人为地提高报价问题，一定要慎重，首先该考虑的是风险问题而不是利益问题。

第二，直接收购已加工完毕成品的，修改合同内容。把合同款分成两部分，一部分我们开收购单，另一部分委托对方加工，加工环节的成本要取得对方发票。供应商合作对象优先考虑农民合作社，他们可以直接开具增值税专用发票。但是，由于我们是生产型企业，不经过加工直接销售的比例应控制在50%以下。

青岛 ABC 有限公司的税收筹划方案

一、基本情况

青岛 ABC 有限公司（以下简称 ABC 公司）要进行派生分立，分拆成为 ABC 公司和 B 公司两家公司，各自经营 A 业务和 B 业务，业务分拆过程不影响正常生产经营，不增加税负。

同时，为减轻 ABC 公司生产经营主体的负担，现将为生产服务的房产及土地拟通过一定方式转由青岛 E 投资管理有限公司（以下简称 E 投资公司）持有。

二、税收筹划方案

（一）ABC 公司实施企业分立

ABC 公司派生分立为 ABC 公司、B 公司和后勤服务（以下简称后勤公司）三家公司，企业所得税按照特殊性税务处理。

（二）E 投资公司吸收合并后勤公司

分立完成一年后，E 投资公司吸收合并后勤公司，相应地，土地房产转到 E 投资公司，吸收合并环节按照企业所得税特殊性税务处理政策处理。

以分立完成后一年为节点，是为了在分立环节享受特殊性税务处理政策，需要分立完成后 12 个月内保持权益及经营的连续性，不影响分立环节特殊性税务处理。

三、分立具体筹划方案及税负分析

ABC 公司派生分立为 ABC 公司、B 公司和后勤公司三家公司，分立环节不产生税负。

（一）分立方案

开始分立基准日：暂定为 10 月 31 日。资产、负债的划分依据是各项资产、负债的业务所属和对应职能。B 车间及所占地归属 B 公司，A 车间及所占地和中间办公楼归属 ABC 公司，食堂洗浴及以东房产归属后勤公司。

未弥补亏损：可按分立资产占全部资产的比例进行分配，由分立企业继续弥补。该处是按资产比例分配，不是按净资产比例分配，因此分立前需要对资产负债进行重分类。并且税务机关一般认可按照分立资产公允价值占全部资产公允价值的比例进行可弥补亏损的分配。根据我们的了解，目前全国绝大部分税务机关只认可按照资产比例分配可弥补亏损，如果想把全部亏损留在存续公司弥补，还需要跟青岛市地方税务局沟通确认。

员工安置方案：原人员中属于青岛 B 业务的人员从 ABC 公司解约、同 B 公司签订合同缴纳社保，应付职工薪酬中应由 B 公司承担的部分划归 B 公司。根据分立的本质，后勤公司也应分配部分人员。

过渡期债权债务：分立期间新增加的债权债务按照所属业务确定承担主体，但是不应改变分立协议所确定的分立范围和原则。

（二）分立的具体步骤

1. 分立的决议和协议。

ABC 公司股东会就分立做出分立决议，然后由 ABC 公司、B 公司和后勤公司以及 ABC 公司股东共同签署分立协议。分立协议对各方的权利义务及债权债务和劳动力等做出安排。

编制资产负债表及财产清单。

2. 存续方制定公司章程修正案，派生方制定公司章程。

3. 分立公告。

分立决议后 10 日内通知债权人，并于 30 日内在报纸上公告至少三次，通知债权人清理债权债务。

4. 相关税务手续。

公告后分立登记前应进行分立开始基准日资产评估，然后就分立特殊性税务处理与税务机关进行初步沟通；取得 ABC 公司资本公积转增注册资本国税和地税税源监控资料后，将资本公积转增注册资本（该步骤可在分立之前进行，也可以在分立完成后进行）。

取得地税出具的土地房产分立转移免税证明。

5. 工商变更登记。

在 ABC 公司减资的同时进行 B 公司和后勤公司的设立登记。新公司成立后可办理相应的银行开户手续和税务登记。

6. B 公司相关资质。

B 公司办理各种 B 公司生产经营所需要的资质。

7. 房产过户。

目前正在进行土地的更名和分拆（更名为 ABC 公司，同时分割为三块土地），土地更名和分拆完成后进行房产的更名和分拆。

ABC公司完成工商变更登记和新公司设立登记后，解除土地房产的银行抵押进行土地房产过户。

8. 特殊性税务处理申报。

分立完成年度汇算清缴前，完成特殊性税务处理的备案。

自此完成所有分立手续。

（三）分立环节的税负分析

1. 增值税。

不征收增值税。

《关于全面推开营业税改征增值税试点的通知》（财税〔2016〕36号）附件2规定：营业税改征增值税试点有关事项的规定中，在资产重组过程中，通过合并、分立、出售、置换等方式，将全部或者部分实物资产以及与其相关联的债权、负债和劳动力一并转让给其他单位和个人，其中涉及的不动产、土地使用权转让行为，不征收增值税。

《关于纳税人资产重组有关增值税问题的公告》（国家税务总局公告2011年第13号）规定：纳税人在资产重组过程中，通过合并、分立、出售、置换等方式，将全部或者部分实物资产以及与其相关联的债权、负债和劳动力一并转让给其他单位和个人，不属于增值税的征税范围，其中涉及的货物转让，不征收增值税。

2. 土地增值税。

暂不征收土地增值税。

财税〔2015〕5号规定：按照法律规定或者合同约定，企业分设为两个或两个以上与原企业投资主体相同的企业，对原企业将国有土地、房屋权属转移、变更到分立后的企业的，暂不征收土地增值税。

3．印花税。

免征印花税。

财税〔2003〕183号规定：以合并或分立方式成立的新企业，其新启用的资金账簿记载的资金，凡原已贴花的部分可不再贴花，未贴花的部分和以后新增加的资金按规定贴花。企业因改制签订的产权转移书据免予贴花。

虽然183号文有关于企业改制的前置关键句，但实际执行时企业合并、分立都是适用的。全民企业等改制为公司制企业现在已经基本完毕，剩下部分解决遗留问题。

4．契税。

免征契税。

财税〔2015〕37号规定：公司依照法律规定、合同约定分立为两个或两个以上与原公司投资主体相同的公司，对分立后公司承受原公司土地、房屋权属的，免征契税。

5．企业所得税。

本次公司分立具有合理商业目的，根据财税〔2009〕59号及国家税务总局公告〔2010〕第4号规定，可选择按特殊性税务处理。

选择适用特殊性税务处理，ABC公司未超过法定弥补期限的亏损额可按分立资产占全部资产的比例进行分配，由分立企业继续弥补。

是否选择特殊性税务处理，要视ABC公司可弥补亏损及资产实际增值情况并结合之前ABC公司股权平价转让的情况而定。如果大部分可弥补亏损金额即将到达5年弥补期限，且资产增值未超过可弥补亏损金额（不对之前的平价转让造成税收影响），可采用一般性税务处理方式，分立环节确认的应纳税所得额用于弥补亏损，之后资产的计税基础提高，可在以后年度企业所得税前扣除更多的折旧费用，降低以后年度的企业所得税税负。

如选择企业所得税特殊性税务处理，就要在重组完成年度企业所得税汇算清缴时按要求向主管税务机关报送相关证明资料。

四、E 投资公司吸收合并后勤公司筹划方案及税负分析

ABC 公司分立完成一年后，分立企业所得税特殊性税务处理已经夯实。之后进行 E 投资公司吸收合并后勤公司，吸收合并环节同样适用特殊性税务处理政策。

（一）合并方案及步骤

1. 确定重组基准日。

合并各方出具同意吸收合并的股东会决议。

2. 签署吸收合并协议。

合并双方签署吸收合并协议，对双方的权利义务及债权债务和劳动力等做出安排。合并各方分别编制资产负债表及财产清单。

3. 拟定吸收合并后的公司章程。

拟定吸收合并后的公司章程，并拟定合并后的公司最高权力机构成员名单。

4. 向债权人发出通知书，在报纸上公告。

自同意公司合并做出决定之日起 10 日内，合并各方向债权人发出通知书，并于 30 日内在全国发行的省级以上的报纸上至少公告三次。上述通知书和公告中应说明对现有公司债务的承继方案。

债权人自接到通知书之日起 30 日内，未接到通知书的债权人自第一次公告之日起 45 日内，有权要求公司对其债务承继方案进

行修改，或者要求公司清偿债务或提供相应的担保。

5. 按照合并协议约定的日期进行资产负债交割后，及时办理资产过户更名手续，主要是不动产产权的登记变更。

6. 被合并方办理先税务、后工商注销登记。

7. 投资办理工商和税务变更登记手续。

（二）合并方案税负分析

1. 增值税。

不征收增值税。

《关于全面推开营业税改征增值税试点的通知》（财税〔2016〕36 号）附件 2 规定：营业税改征增值税试点有关事项的规定中，在资产重组过程中，通过合并、分立、出售、置换等方式，将全部或者部分实物资产以及与其相关联的债权、负债和劳动力一并转让给其他单位和个人，其中涉及的不动产、土地使用权转让行为，不征收增值税。

《关于纳税人资产重组有关增值税问题的公告》（国家税务总局公告 2011 年第 13 号）规定：纳税人在资产重组过程中，通过合并、分立、出售、置换等方式，将全部或者部分实物资产以及与其相关联的债权、负债和劳动力一并转让给其他单位和个人的，不属于增值税的征税范围，其中涉及的货物转让，不征收增值税。

2. 土地增值税。

暂不征收土地增值税。

财税〔2015〕5 号规定：按照法律规定或者合同约定，两个或两个以上企业合并为一个企业，且原企业投资主体存续的，对原企业将国有土地、房屋权属转移、变更到合并后的企业的，暂不征收土地增值税。

3．印花税。

免征印花税。

财税〔2003〕183 号规定：以合并或分立方式成立的新企业，其新启用的资金账簿记载的资金，凡原已贴花的部分可不再贴花，未贴花的部分和以后新增加的资金按规定贴花。企业因改制签订的产权转移书据免予贴花。

4．契税。

免征契税。

财税〔2015〕37 号规定：两个或两个以上的公司，依照法律规定、合同约定，合并为一个公司，且原投资主体存续的，对合并后公司承受原合并各方土地、房屋权属的，免征契税。

5．企业所得税。

本次公司合并具有合理的商业目的，根据财税〔2009〕59 号及国家税务总局公告〔2010〕第 4 号规定，可选择按特殊性税务处理。如选择企业所得税特殊性税务处理，要在重组完成年度企业所得税汇算清缴时按要求向主管税务机关报送相关证明资料。

提前开具发票的税务风险控制及税收筹划

山东省注册会计师、资产评估行业发展规划（2016—2020年）提出："适应经济新常态，全方位拓展新业务领域，以多元化发展为目标，丰富专业服务品种，不断拓展新业务领域，引导事务所、评估机构由单一业务向多元业务转变，由传统业务向非传统业务转变，由常规服务向深层次专业服务转变，推进核心业务转型升级，提升非传统业务所占比重，全面拓展新业务领域。"笔者近年来在非传统审计领域进行了积极的探索，大力开展了企业管理咨询、税收筹划、企业内部控制咨询等业务，取得了不错的效果。现就业务实践中的相关案例进行探讨。

某公司是一家以经营广告制作发布作为主营业务的广告传媒公司，2013年和2014年连续两年中标某企业的广告标识制作及发布业务，发包方考虑成本进度及税务因素，在项目实施前各年度均要求中标方先行开具发票，后根据业主要求的时间节点再施工或发布。截至2014年12月31日，该广告公司已签订合同并已开具发票，但尚未实施的合同价款合计5597486.52元，上述价款因已开具发票，公司已于开票当月确认收入合计5597486.52元，财务同步按成本毛利率暂估，虚列了成本5357732.25元；另外，挂账预收账款延迟确认收入4279343.00元。

鉴于该企业拟登录中小企业股份转让系统，要求对该企业的会计处理进行规范，并控制税收风险。对于上述涉税行为和会计处理方法，针对提前开具发票尚未实施的项目，我们提出了以下两种处理方案。

方案一：对已开发票但尚未实施的项目，财务只缴纳增值税或营业税金及附加，不确认收入及成本，在汇算清缴过程中不缴纳企业所得税。

确认依据一：《中华人民共和国企业所得税法实施条例》（中华人民共和国国务院令第512号）第九条：企业应纳税所得额的计算，以权责发生制为原则，属于当期的收入和费用，不论款项是否收付，均作为当期的收入和费用；不属于当期的收入和费用，即使款项已经在当期收付，均不作为当期的收入和费用。本条例和国务院财政、税务主管部门另有规定的除外。

确认依据二：根据《国家税务总局关于确认企业所得税收入若干问题的通知》（国税函〔2008〕875号）：（1）除企业所得税法及实施条例另有规定外，企业销售收入的确认，必须遵循权责发生制原则和实质重于形式原则。（2）企业在各个纳税期末，提供劳务交易的结果能够可靠估计的，应采用完工进度（完工百分比）法确认提供劳务收入。（3）下列提供劳务满足收入确认条件的，应按规定确认收入：①安装费。应根据安装完工进度确认收入。安装工作是商品销售附带条件的，安装费在确认商品销售实现时确认收入。②宣传媒介的收费。应在相关的广告或商业行为出现于公众面前时确认收入。广告的制作费，应根据制作广告的完工进度确认收入。

该方案存在的相关风险：

1. 在实务中，稽查人员存在以票控税的情形，只要开出发票，原则掌握在一年内确认收入，如果企业不确认收入，存在被补征企业所得税的风险。

2. 发票比对风险。由于延迟确认收入，企业已开发票和账面确认收入数据存在差异，存在税务预警的可能，有稽查风险。

风险控制措施：

提前准备无法确认收入的相关证明，在稽查或预警时及时提供资料，需要提前准备的相关资料包括但不限于：中标通知书、合同（证明相关发票非虚假开具）、广告发包方提供的截止稽查日企业相关广告项目尚未实施的书面证明（证明未实施原因和拟实施时间）、公司书面说明材料（包括延迟实施的说明，尚未发生成本支出的相关说明，企业已缴纳增值税、营业税及相关附加税的证明）。

方案二：对已开发票但尚未实施的项目，在汇算清缴时全部确认收入，同时准备相关成本发票，以及成本支出资料，包括支出的合同、付款记录、决算、验收证明等。

确认依据：根据税务稽查实践，存在税务人员的自由裁量权，确认收入可以规避稽查风险。

该方案存在的相关风险：

1. 虚列收入和成本，由于相关项目尚未实施，即使已缴纳税款，在中小企业股份转让系统挂牌审计过程中，上述收入会被认定为提前确认的收入，虚构公司业绩，相关收入和成本会被冲回。

2. 成本依据不充分，存在虚构成本的情况，特别是在挂牌审核过程中需要对供应商（发票提供方）进行核查，存在检查风险。

3. 收入和成本确认不符合企业会计准则，属于财务造假行为，这也是证监会严厉打击的行为。

风险控制措施：

由发包方提供完工验收确认记录，准备相关广告发布和制作资料、相关成本费用发票，准备付款记录、供应商的合同、对方营业执照等资料。也可仅在汇算清缴时在税务上作为收入申报纳税，在财务处理上不作为收入，形成税务与会计差异（会计准则与税法允许存在该差异），申报时与税务部门沟通确定一个企业所得税的预征率（房地产企业存在该情形），等实际发生时多退少补。

以上两种方案综合考虑风险因素之后，我们建议选择方案一。

该企业存在的其他风险因素提示及控制措施：

1. 部分工程款发票未在劳务发生地开具。在公司 2014 年度成本中有近 200 万元的工程款发票，未在劳务发生地取得。《中华人民共和国营业税暂行条例》规定：纳税人提供应税劳务应当向其机构所在地或者居住地的主管税务机关申报纳税。但是，纳税人提供的建筑业劳务以及国务院财政、税务主管部门规定的其他应税劳务，应当向应税劳务发生地的主管税务机关申报纳税。该发票未在劳务发生地取得，存在所得税前列支以及营业税代扣责任风险。建议重新获取劳务发生地的工程款发票，并且以后杜绝从非劳务发生地开具发票。

2. 成本及费用支出通过股东（实际控制人）个人银行账户进

行，支出的真实性存在税务及股转系统上市核查风险，建议对以后发生的资金收支全部通过对公账户收支，并且银行付款直接付到开票单位，开票单位与收款人不一致的，需要由开票单位出具委托收款书。因为在上市过程中需要对供应商及客户进行核查，请务必保证所开具的发票单位的真实性，包括发票内容与开票单位的经营范围匹配，开票金额与开票单位的经济实力匹配，同时获取并准备开票单位的营业执照、税务登记证、银行开户账户、代码证、相关合同资料，必要时需要准备对方单位的股东身份证明（核查关联交易用）。

3. 成本及费用支出明细要与相关工程的决算匹配，特别是材料费及人工费的列支在获取发票的过程中要优先考虑工程项目决算书的明细资料，规避虚假列支认定。

4. 人工费必须取得劳务用工的个人身份证明，同时相关劳务费支付具备条件的直接支付到个人卡上，不具备条件的通过现金支付，禁止通过股东或实际控制人个人银行账户支付，规避虚假列支风险。

5. 之前通过股东或实际控制人个人银行账户为公司经营而发生的收支，请提前准备相关收支依据及银行流水证明，规避虚假收支认定以及股东占用公司资金认定。

6. 停止以个人银行账户为公司进行资金收支结算业务，以前的业务在清理收集相关资料的基础上，抓紧进行清理销户。

公司重组业务的税收筹划

一、重组各方介绍

（一）甲公司

甲公司成立于××××年××月，注册资本2000万元整，经营范围包括：半挂车生产销售、汽车（小汽车除外）及汽车配件销售。

公司实收资本2000万元整，设立时的股东为M公司及自然人股东李某，其中M公司出资1400万元，占公司注册资本的70%，李某出资600万元，占公司注册资本的30%。后经多次股权变更，现公司股东为代某、武某、冯某，出资额分别为800万元、600万元、600万元，分别占公司注册资本的40%、30%、30%。

（二）乙公司

乙公司成立于××××年××月，公司类型为其他有限责任公司，法定代表人：冯某，注册资本5000万元整，经营范围包括：施肥机械、中耕机械、植保机械、谷物收获机械的研发、制造、销售。

至本次资产重组基准日，公司股东尚未缴付出资，实收资本金额为0。

二、重组的时间

2015年5月31日。

三、资产重组的背景

甲公司成立于2005年11月，历史沿革较为复杂，股东及股权结构多次发生变化。因受国家政策调整及运输市场整体疲软和重大事件的影响，公司已暂停专用汽车改装业务。为实施对公司实质性资产（主要是土地和房产）的进一步控制，降低因前期运营和管理给公司资产带来的潜在影响，提高资产的使用效率，以保障投资者利益最大化，现公司实际控制人新设立乙公司，拟将甲公司名下的土地和房产及其他资产转移到新设公司名下，使甲公司成为只具备专用汽车改装资质而无实质性经营资产的壳公司。

四、资产重组的范围

本次资产重组的范围涉及甲公司所拥有的位于某地的两宗土地和两处房产及其他部分经营性资产（涉税处理需要）。

1. 土地。

位于某地的两宗土地，具体信息如下表所示：

序号	土地证号	宗地号	面积（平方米）	用途	使用类型	终止日期
1	×国用（2010）字第××号		22801.58	工业	出让	2060.7.1
2	×国用（2012）字第××号		4839.29	工业	出让	2062.2.12

2. 房产。

坐落于某地的两处房产，具体信息如下表所示：

序号	产权证号	面积（平方米）	性质	用途	结构	登记日期
1	×房地权证字第××号	4914.61	存量非住宅	非住宅	混合	2011.3.31
2	×利房地权证字第××号	8841.24	非住宅	车间	框架	2012.9.4

3. 其他经营性资产。

包括厂区水泥路、围墙及停车场、机器设备等。

五、资产重组的目的和要求

将甲公司名下的房产和土地转移登记为乙公司所有，合理降低税负水平，控制涉税风险。

六、重组方案的比较与税负测算

根据甲公司提供的拟进行企业重组业务所涉及的财务资料与相关资料，基于合理降低税负及涉税风险的目的，我们对重组业务所涉及的四大税种（营业税、土地增值税、企业所得税和契税）的预期税负进行了分析和测算，本涉税分析报告依据和参照如下所列示的相关法律法规：《中华人民共和国企业所得税法》及其实施条例、《关于企业重组业务企业所得税征收管理若干问题的公告》（国家税务总局公告 2015 年第 48 号）、《关于促进企业重组有关企业所得税处理问题的通知》（财税〔2014〕109 号）、《企业重组业务企业所得税管理办法》（国家税务总局公告 2010 年第 4 号）、《关于企业重组业务企业所得税处理若干问题的通知》（财税〔2009〕59 号）、《中华人民共和国营业税暂行条例》及其实施细则、《国家税务总局关于纳税人资产重组有关营业税问题的公告》（国家税务总局公告 2011 年第 51 号）、《关于股权转让有关营业税问题的通知》（财税〔2002〕191 号）、《中华人民共和国土地增值税暂行条例》及其实施细则、《关于企业改制重组有关土地增值税政策的通知》（财税〔2015〕5 号）、《中华人民共和国契税暂行条例》及其实施细则、《关于进一步支持企业事业单位改制重组有关契税政策的通知》（财税〔2015〕37 号）等。

根据资产重组的目的和要求，有以下几种方案可供选择：

方案一：将甲公司名下的土地使用权及房屋等不动产按公允价值直接转让给乙公司，转让方按处置不动产确认收入，按规定缴纳各项税收并计算损益，受让方按购置不动产处理。

方案二：分步实施企业重组，即第一步将甲公司进行派生分立，根据生产经营的需要将甲公司名下的土地使用权及房屋等不动产划入到分立后的企业，等分立完成 12 个月后，由乙公司吸收合并分立后的企业，从而将原甲公司名下的土地使用权及房屋划归乙公司。

方案三：甲公司以名下土地使用权及房屋向乙公司进行股权投资，乙公司以定向增发新增股份作为对价，收购甲公司名下的土地使用权及房屋等与农业机械研发制造有关的经营性资产，从而将原甲公司名下的土地使用权及房屋划归乙公司。

三种方案的税负比较

序号	项目	营业税（万元）	土地增值税（万元）	企业所得税（万元）	契税（万元）	合计（万元）
1	方案一	176.65	110.35	200.95	100.76	588.71
2	方案二	0	0	0	0	0
3	方案三	0	0	0	59.16	59.16

方案一的公允价值计算：假设甲公司名下的土地使用权27640.87平方米约合41.46亩，按每亩20万元计算，土地使用权的公允价值为829.23万元；房屋面积约为13000多平方米，按1300元每平方米的单价计算，总价值约1690万元，土地和房产公允价值总额约为2519万元。营业税的计算：除按销售不动产计算的营业税外，因甲公司在出包建设房屋时，未取得建筑业发票，导致施工环节少缴建筑业营业税，还应按销售自建房屋补缴建筑业营业税。土地增值税的计算：假设不动产按土地的公允价值扣除取得土地的成本、销售不动产缴纳营业税的余额作为增值额，按30%的税率计算土地增值税，房屋视同未增值。企业所得税的计算按公允价值总额扣除相应的税金、取得土地的成本和房屋账面净值后作为应纳税所得额，按25%的税率计算企业所得税。契税按公允价值的4%计算，由受让方承担，计入受让方购置资产的成本。上述每个假设条件的变化，均会引起各税种计算金额的变化。

方案二中假设重组各税种均符合免税条件。

方案三中假设该重组方式符合营业税、土地增值税免税条件和企业所得税特殊重组方式的条件；契税的处理按账面净值确认转让成本。

因甲公司以出包方式建设房屋时未签订规范的施工合同且未取得建筑业发票，每一种方案确认资产的计税成本时均存在一定的风险。

三种方案的利弊比较

序号	项目	利	弊	备注
1	方案一	按公允价值转让资产，涉税风险较小	转让方及受让方均应缴纳资产转让各项税收，税负成本高	按公允价值
2	方案二	享受各项税收优惠，四大税种全部免税	方案设计较为复杂，要分步实施重组，时间跨度长，不确定因素多，涉税风险较大	按计税成本
3	方案三	除受让方契税外，转让方涉税处理营业税、土地增值税、企业所得税等可享受投资及特殊重组优惠性政策	操作较为复杂，存在一定的涉税风险	按计税成本

鉴于甲公司和乙公司实际控制人为同一投资团队，重组的主要目的为降低重组资产因长期经营和企业变革所产生的管理风险及经营风险，同时降低税收成本，控制涉税风险。经过综合比较分析并与企业管理层充分沟通后，我们认为选取重组方案三更能达到企业利益最大化的目的。

七、重组方案的风险分析

（一）固有风险

甲公司设立时的注册资本为2000万元，其中实物出资1400

万元（土地出资1228万元、房屋及建筑物出资172万元），该出资并未到位，为虚假出资；本次拟重组的资产包括甲公司的两宗土地和两处房产，该资产未在公司账上进行核算和记录，实质属于账外资产。如何将账外资产置换为股东实际出资资产，在业务处理过程中存在较大的法律风险和涉税风险；另拟重组的房屋无相应的财务资料和基础资料，无法确认原计税成本，使重组方案的实施存在一定的风险。

（二）申报及变更风险

本重组方案需申请享受相应的税收优惠政策和办理相应的工商变更手续，相关部门在执行相关政策时要求不尽统一，使本方案的实施结果存在一定的不确定性。

（三）对合理商业目的认定的风险

该重组方案申请适用特殊重组优惠政策，需要证明重组业务具有合理的商业目的，且不以减少、免除或者推迟缴纳税款为主要目的，但对此事项的判断不同的税务机关和不同的税务人员会有不同的判断结果。

（四）后期资产管理和持有股权投资的风险

在后期资产管理和持有股权投资期间，应符合相关特殊重组后续管理的要求，否则会被要求按一般重组进行涉税事项的调整。

八、重组方案的实施

若选取重组方案三，企业应按如下要求实施重组方案：

1. 与中介机构签订相应的协议，由中介机构指导企业进行相应的业务处理；

2. 完善财务资料及相关的基础资料，规范重组基准日的财务数据及相应的经济行为，使重组业务符合税收相关法律法规的要求；

3. 进行清产核资，委托中介机构出具清产核资专项审计报告；

4. 以专项审计报告为基础，委托评估机构对拟投资的土地和房屋进行评估，出具资产评估报告；

5. 由税务专业服务机构根据专项审计报告、评估报告及相关经济合同，对重组业务的涉税事项出具鉴证报告；

6. 投资方（甲公司）和资产收购方（乙公司）签订企业重组协议，约定重组事项内容及双方的权利义务关系；

7. 重组双方办理资产的交割和产权过户手续，并取得税务机关的营业税和土地增值税免税确认证明及企业所得税适用特殊重组的备案证明；

8. 办理资产收购方（乙公司）的工商变更登记手续和变更验资手续；

9. 投资方（甲公司）取得对资产收购方（乙公司）的长期股权投资，在重组后连续 12 个月内，不得转让所取得的股权；

10. 资产收购方（乙公司）通过增资扩股以股权作为对价收购的投资方与农业机械研发制造有关的土地及房屋等经营性资产，在重组后的连续 12 个月内不改变重组资产原来的实质经营活动。

技术研发费的税收筹划

（一）技术研发费的税收政策

为了促进企业技术进步，国家先后出台了一系列税收优惠政策。企业在进行技术开发时，有必要根据企业的实际情况事先进行策划，合理地利用这些税收优惠政策，以节约技术研发费。

《中华人民共和国企业所得税法》第三条规定，企业开发新技术、新产品、新工艺发生的研究开发费用，可以在计算应纳税所得额时加计扣除。《中华人民共和国企业所得税法实施条例》（国务院令〔2007〕512 号）第九十五条规定：企业所得税法第三十条第（一）项所称研究开发费用的加计扣除，是指企业为开发新技术、新产品、新工艺发生的研究开发费用，未形成无形资产计入当期损益的，在按照规定据实扣除的基础上，按照研究开发费用的 50% 加计扣除；形成无形资产的，按照无形资产成本的 150% 摊销。

根据上述规定，所有财务核算制度健全、实行查账征收企业所得税的各种所有制的工业企业，都可以享受技术开发费加计扣除的优惠政策，即对财务核算制度健全、实行查账征收的内外资企业、科研机构、大专院校等在一个纳税年度实际发生的下列技术开发费项目，包括新产品设计费，工艺规程指定费，设备调整费，原材料和半成品的试制费，技术图书资料费，未纳入国家计划的中间试验费，研究机构人员的工资，用于研究开发的仪器、设备的折旧，委托其他单位和个人进行科研试制的费用，与新产品的试制和技术研究直接相关的其他费用，在按规定实行100%扣除的基础上，允许再按当年实际发生额的50%在企业所得税税前加计扣除。

（二）相关案例

甲公司内部成立技术研发部，2015年该部门全年研究开发费用为1000万元，技术转让收入为1500万元，甲公司当年税前利润2500万元，研究开发费用已全部计入当期损益，没有其他纳税调整，2015年甲公司应交企业所得税为：

（2500－500）×25%＝500（万元）

如果甲公司将研发部门独立出来成立一家全资的高新技术企业或软件企业A公司，不考虑成立新公司新增的管理费用，则A公司技术转让收入为2500万元，成本为1000万元，税前利润为1500万元。

1. 若A公司在免税期，则无须缴纳企业所得税。将研发部门独立出来后，甲公司的税前利润变为：

2500＋1000－2500 ＝ 1000（万元）

甲公司应交企业所得税为：

1000×25%＝250（万元）

两公司合计应交企业所得税250万元。

因此，甲公司将研发部门独立出来更节税，少交税额为：

500－250＝250（万元）

2. 若A公司符合居民企业技术转让所得优惠：一个纳税年度内居民企业技术转让所得不超过500万元的部分免征企业所得税，超过500万元的部分减半征收企业所得税。则：

A公司技术转让所得为：

2500－1000＝1500（万元）

应交企业所得税为：

（1500－500）×12.5%＝125（万元）

同样，甲公司应交企业所得税为250万元，两家公司合计应交企业所得税为：

125＋250＝375（万元）

甲公司将研发部门独立出来可少交税额为：

500－375＝125（万元）

3. 若A公司可按优惠所得税税率15%计算，则应交纳的企业所得税为：

（2500－1000）×15%＝225（万元）

同样，甲公司应交企业所得税为250万元。

两家公司合计应交企业所得税为：

225＋250＝475（万元）

甲公司将研发部门独立出来可少交税额为：

500－475＝25（万元）

关于企业改制兑付账务处理及涉税问题的建议

一、案例背景

现有E、F、G三家投资公司，其股东全部由自然人组成。E投资公司投资成立A有限责任公司（以下简称A公司）和D有限公司（以下简称D公司），F投资公司投资成立B有限责任公司（以下简称B公司），G投资公司投资成立C有限公司（以下简称C公司）。

现根据集团公司要求，工会委员会成立M有限公司（以下简称M公司），拟收购三家投资公司所持有的各公司股权，各投资公司注销，自然人股东全部退出。

二、股权收购

根据集团公司的要求，2012年M公司收购了多家公司的股权，股权收购明细如下：

1. 收购A公司100%的股权3000万元，其中原股东E投资公司出资3000万元，占注册资本的100%。

2. 收购B公司49%的股权980万元，其中原股东F投资公司出资610万元，占注册资本的30.5%。

3. 收购C公司84%的股权4200万元，全部为原股东G投资公司股权。

4. 收购D公司44%的股权5726万元，全部为原股东E投资公司股权。

所有股权转让均采用平价转让（按占注册资本的比例计算）方式。为减少增值部分对公司税金的影响，集团公司要求增值部分通过以后年度的分红进行兑现，本金部分通过M公司进行发放，分红部分通过被投资企业直接发放。

三、方案及账务处理

在各投资公司将股权转让款分配给自然人时，公司均按照税法规定代扣20%的个人所得税，故在此我们就不再讨论个人所得税问题，而主要关注股权转让过程的相关税金。

针对此次企业改制的情况，我们对账务处理和涉税问题提出以下三个方案：

方案一：M公司将股权转让款直接支付给自然人股东，各投资公司注销。

该方案思路：M公司一次性支付平价转让股权款，将应付股权款直接支付给职工个人。M公司与F投资公司、G投资公司、E投资公司签订协议，约定由M公司代付股权款给职工个人，各投资公司自转让完毕时注销。

该方案账务处理如下：

（1）E投资公司的账务处理：

取得A公司和D公司股权转让款：

借：其他应收款——M公司

　贷：长期股权投资——A公司、D公司

将股权款转E投资公司股东时：

借：实收资本——自然人

　贷：其他应收款——M公司

（2）F投资公司的账务处理：

借：其他应收款——M公司

　贷：长期股权投资——B公司

将股权款转F投资公司股东时：

借：实收资本——自然人

　贷：其他应收款——M公司

（3）G投资公司的账务处理：

借：其他应收款——M公司

　贷：长期股权投资——C公司

将股权款转给G投资公司股东时：

借：实收资本——自然人

　贷：其他应收款——M公司

（4）A公司、B公司、C公司和D公司的账务处理：

借：实收资本——F投资公司、G投资公司、E投资公司

　贷：实收资本——M公司

（5）M公司的账务处理：

借：长期股权投资——A公司、B公司、C公司和D公司

　贷：其他应付款——E投资公司、F投资公司、G投资

公司

根据协议：

借：其他应付款——E 投资公司、F 投资公司、G 投资公司

　　贷：其他应付款——自然人

股权款支付时：

借：其他应付款——自然人

　　贷：银行存款

该方案的优点：

（1）退还给职工的股权款是原投资本金，不用缴纳个人所得税。

（2）股权款直接支付给职工个人，缩短资金流转时间，降低流转过程中存在的风险。

（3）各投资公司及时注销，避免事后税务和工商带来的风险。

该方案的缺点：

（1）以后年度再分红给个人不符合法律规定，且难以进行账务处理。因为原股权已经转让，职工个人已不再是股东，再分红给职工个人不符合法律法规的规定。

（2）各公司账务处理较为烦琐。

（3）各股权出让方税务风险较大。根据税法规定，对股权转让的定价，如果是“无正当理由进行平价和低于成本价格进行转让，税务机关有权根据被投资企业的净资产进行核定征收”。如果税务局按被投资单位净资产对股权转让款进行核定，那么该方案企业所得税风险为 1994.21 万元，如下表所示：

平价股权转让企业所得税风险一览表

单位：万元

公司名称	注册资本	投资额	投资占比	净资产	增值额	税率	企业所得税
A公司	3000	3000	100%	4614.90	1614.90	25%	403.73
B公司	2000	610	30.5%	3458.72	444.91	25%	111.23
C公司	5000	4200	84%	5072.00	60.48	25%	15.12
D公司	13013	5726	44%	26323.87	5856.50	25%	1464.13
合　计	23013	13536		39469.49	7976.79		1994.21

方案二：M公司将股权转让款支付给股权出让方，股权出让方将股权转让款支付给职工个人，各投资公司注销。

该方案思路：M公司一次性支付给E投资公司、F投资公司、G投资公司平价转让股权款，投资增值部分通过以后年度分红进行兑现。

该方案账务处理如下：

（1）M公司的账务处理：

借：长期股权投资——A公司、B公司、C公司和D公司

　贷：银行存款——E投资公司、F投资公司、G投资公司

（2）E投资公司的账务处理：

取得A公司和D公司股权款部分：

借：银行存款——M公司

　贷：长期股权投资——A公司、D公司

将股权款转给自然人股东时：

借：实收资本——自然人

　贷：银行存款

（3）F投资公司的账务处理：

借：银行存款——M 公司

　　贷：长期股权投资——B 公司

将股权款转给自然人股东时：

借：实收资本——自然人

　　贷：银行存款

（4）G 投资公司的账务处理：

借：银行存款——M 公司

　　贷：长期股权投资——C 公司

将股权款转给自然人股东时：

借：实收资本——自然人

　　贷：银行存款

（5）A 公司、B 公司、C 公司和 D 公司的账务处理：

借：实收资本——F 投资公司、G 投资公司、E 投资公司

　　贷：实收资本——M 公司

该方案的优点：

（1）退还给职工的股权款是原投资本金，不用缴纳个人所得税。

（2）各投资公司及时注销，避免事后税务和工商带来的风险。

（3）M 公司对股权出让方付款时，按照股权转让协议中双方确定一致的价格进行账务处理。

该方案的缺点：

（1）以后年度再分红给个人不符合法律规定，且难以进行账务处理。因为原股权已经转让，职工个人已不再是股东，再分红给职工个人不符合法律法规的规定。

（2）各股权出让方税务风险较大，如果税务局按被投资单位净资产对股权转让款进行核定，那么该方案企业所得税风险为1994.21万元，和方案一一样。

方案三：先对被投资单位未分配利润进行分配，然后M公司支付平价转让股权款给股权出让方，股权出让方将股权转让款支付给职工个人，各投资公司注销。

该方案思路：各被投资单位利润分配先挂账，待以后年度有资金时再直接支付给职工个人，各投资公司不进行分红账务处理。M公司一次性支付各投资公司平价转让股权款，各投资公司注销。

该方案账务处理如下：

（1）M公司的账务处理：

借：长期股权投资——A公司、B公司、C公司和D公司

　贷：银行存款——E投资公司、F投资公司、G投资公司

（2）E投资公司的账务处理：

取得A公司和D公司股权款部分：

借：银行存款——M公司

　贷：长期股权投资——A公司、D公司

将股权款退还给自然人股东时：

借：实收资本——自然人

　贷：银行存款

（3）F投资公司的账务处理：

借：银行存款——M公司

　贷：长期股权投资——B公司

将股权款转给自然人时：

借：实收资本——自然人

贷：银行存款

（4）G投资公司的账务处理：

借：银行存款——M公司

贷：长期股权投资——C公司

将股权款转给自然人时：

借：实收资本——自然人

贷：银行存款

（5）A公司、B公司、C公司和D公司的账务处理：

借：实收资本——E投资公司、F投资公司、G投资公司

贷：实收资本——M公司

分配股利时：

借：利润分配——普通股股利

贷：应付股利——E投资公司或F投资公司或G投资公司

支付股利时（签代付协议）：

借：应付股利——自然人

贷：银行存款

其他应付款——个人所得税

该方案的优点：

（1）退还给职工的款项相当于原投资本金的部分，不用缴纳个人所得税。

（2）各投资公司及时注销，避免事后税务和工商带来的风险。

（3）M公司对股权出让方付款时，按照股权转让协议中双方确定一致的价格进行账务处理。

（4）降低股权转让增值部分企业所得税风险，可降低税务风

险2413.44万元（未分配利润为正数的全部分配）。

利润分配减少企业所得税风险一览表

单位：万元

公司名称	投资占比	未分配利润	分配额	税率	企业所得税
A公司	100%	831.17	831.17	25%	207.79
B公司	30.50%	1345.23	410.3	25%	102.57
C公司	84%	4126.16	3465.97	25%	833.49
D公司	44%	11241.69	4946.34	25%	1236.59
合计		17544.25	9653.8		2413.44

该方案的缺点：

（1）因涉及资本公积和盈余公积，被投资企业除实收资本外净资产部分仍未全部分配完毕，以后年度再通过分红给个人不符合法律法规规定，且难以进行账务处理。

（2）各股权出让方仍有企业所得税风险282.14万元。

四、建议

综合以上方案，在各方案可行的前提下，我们建议选择方案三进行处理。利润分配、注销投资公司等集中办理，在最短时间内完成企业改制。

同时，我们建议M公司修改股权转让对价，至少应按照占被投资单位净资产的相应比例支付对价，并及时计算股权转让收入，缴纳相关税金，避免受到税务行政处罚及缴纳滞纳金的风险。

五、小结

根据国税函〔2010〕79号文规定，企业转让股权收入，应于转让协议生效且完成股权变更手续时，确认收入的实现。转让股权收入扣除为取得该股权所发生的成本后，为股权转让所得。企业在计算股权转让所得时，不得扣除被投资企业未分配利润等股东留存收益中按该项股权所可能分配的金额。

企业所得税法第二十六条第（二）项所称符合条件的居民企业之间的股息、红利等权益性投资收益，是指居民企业直接投资于其他居民企业取得的投资收益。企业所得税法第二十六条第（二）项和第（三）项所称股息、红利等权益性投资收益，不包括连续持有居民企业公开发行并上市流通的股票不足12个月取得的投资收益。

我们从事任何一项经济行为，都应当在合法、合规的条件下进行，然后再考虑公司利益的最大化。本案例的核心是进行股权转让时，如被投资企业存在未分配利润（正数），应先进行利润分配，以减少股权转让产生的股权转让所得。

个人所得税的税收筹划

税收筹划是纳税人为达到减轻税收负担和实现税收零风险的目的，在税法允许的范围内，通过经营、投资、理财、组织、交易等各项交易活动进行事先安排的过程。很显然，纳税筹划是企业为降低企业税收成本而采取的一种经济人行为，它就像降低生产成本、降低开发成本一样，去降低企业的税收成本。

税收筹划包含两层意思：

第一，强调税收筹划的目的是减轻税负和实现税收零风险。这样就把税收筹划与逃税、骗税区别开了，逃税、骗税也是为了减轻税负，但它是为了减轻税负而不择手段，甚至不顾忌税务风险，绝对不是为了达到税收零风险。逃税、骗税的风险是很高的。从目的上来讲，就把逃税、骗税和税收筹划区别开了。

第二，是指税收筹划的手段。君子爱财取之有道，手段也是至关重要的。税收筹划是在税法允许的范围内操作，这是一个前提，就是你的一切活动必须是符合税法规定的，同时操作的时候是通过企业的各项具体经营活动进行事先安排，而不是事后补救。这对企业的要求是很苛刻的，不像逃税那样出了事再来解决。

税收筹划贯穿于企业的各个环节，并且各种税的计征基础也不一样，如果展开，那不是本文所能阐述的。本文主要说明个人所得税税收筹划的几个要点。

个人所得税法从立法的原意上来讲是调节居民收入的，特别是要调节超富人的收入，来形成国家的税款，补贴给穷人。所以个人所得税在西方国家有一个美誉，叫“罗宾汉税种”。罗宾汉在西方是一个什么样的人物呢？他是一个家喻户晓的劫富济贫的人物。而个人所得税就是把你的财产以税收的形式收走后分给穷人，它的性质跟罗宾汉差不多。但从目前来看，中国的个人所得税主要来自于工资薪金所得，并没有很好地发挥它调节穷人与富人之间收入差距的作用。一般企业职工本来收入就不高，却承担着高额的社会统筹负担。此外，居高不下的房价，世界排名居前的物价，都让企业职工不堪重负。如何减轻个人所得税负担，就成了各个企业的税收筹划重点之一。

笔者曾经参加过软件企业A企业的审计工作。由于A企业被认定为软件企业，享受软件企业的增值税优惠和所得税优惠，总体税负不高。但由于A企业的特点，人工成本较高，占整个成本支出的50%以上。税务局每次稽查的重点也是放在个人所得税上。每次查补的税款只能由A企业承担，无法转嫁给职工，因此A企业比较苦恼，但也没有办法，A企业必须靠有竞争力的薪水才能留住优秀员工，保证企业的正常运转。

在审计工作结束之后，作为延伸服务，笔者为A企业做了以下税收筹划：

一、为职工购买车辆

由于A企业是软件企业，需要为客户安装、维护软件，也就经常需要员工出差，特别是距离较近的客户，坐公交车到客户那里需要一个多小时，维护完毕再回来，基本上需要半天时间。作为软件人员，一天拜访两个客户，时间已经非常紧张。为了提高效率，公司提倡职工开车，为职工报销车辆费用，如汽油费、车辆保险费等。

但在税务稽查中，税务人员根据企业的车辆数量，发现报销的汽油费等非常多，认为是不合理的。根据《财政部 国家税务总局关于规范个人投资者个人所得税征收管理的通知》（财税〔2003〕158号），除个人独资企业、合伙企业以外的其他企业的个人投资者，以企业资金为本人、家庭成员及其相关人员支付与企业生产经营无关的消费性支出及购买汽车、住房等财产性支出，视为企业对个人投资者的红利分配，依照“利息、股息、红利所得”项目计征个人所得税。A企业的上述支出不允许在所得税前扣除。

为职工报销的车辆费用不但需要征收20%的个人所得税，而且还不允许在所得税前扣除，A企业的个人所得税负担非常沉重。

根据这种情况，我们分析了原因，建议企业调查员工的需求，看看有多少准备购买车辆的职工。在职工购车时，建议他们将车辆挂在公司名下。购车款可以在工资或奖金中扣除，相对于职工来说，虽然工资和奖金有所减少，但购车款却是公司负担，实际个人所得并没有减少。车辆可以按5年计提折旧，在使用5年之后，企业可以通过评估，按评估价格将车辆转给个人，这时，车辆的转让价格会很低。更重要的是，车辆的增值税进项税额也可以抵扣，车辆计提的折旧也可以在税前扣除，还可以正常报销车辆费用，这样一来，企业的整体税负就减轻了。

二、合理制定企业出差标准

如上所述，企业职工出差较多，企业可以在合理的范围内制定出差补助标准。出差补助不在个人所得税征收范围之内。

出差补助指的是单位员工因公出差享有的住宿费标准、市内交通费标准、伙食补贴（或误餐补贴），以及因出差而享有的其他补助（如远离家人，公司给予一定的补贴等）。企事业单位出差补助没有明文规定，一般视企业规模大小及企业意愿而定，补助金额参差不齐。一般分为两种情况，一种情况是分项目，如住宿费标准是多少钱一天，市内交通费标准是多少钱一天等；另外一种情况是单位实行包干制，即一天多少钱，不再承担住宿费、市内交通费及餐饮费。

出差补助的基本标准是企业的内控行为，属于企业经营自主权，国家对此没有明确的规定，一般是企业参照中央机关、国家机关和所在地地方政府的差旅费管理办法来制定本企业的出差补助标准与管理办法。《中央和国家机关差旅费管理办法》2016 年修订后，出差人员的各种补助标准均有所提高。A 企业根据自己的实际情况制定了标准：伙食补助每人 100 元/天，市内交通补助每人 80 元/天，节约归己，超支自补，既保证了职工出差的积极性，也保证了职工的实际所得，又杜绝了超额报销费用，达到了“三赢”的目的。

三、充分利用住房公积金制度

在计算个人所得税时，允许扣除以下几类费用：免征额 3500 元、个人缴纳的社会保险费与住房公积金。因此，要想增加扣除项目少缴税款，只能增加个人缴纳的社会保险费与住房公积金，这样企业可以考虑给员工缴纳的这两项费用尽可能最大化，只要在税法允许的范围内，尤其是住房公积金不仅能提高职工的福利待遇水平，而且也能大大减轻职工的个人所得税税负。

政策依据：《财政部 国家税务总局关于基本养老保险费、基本医疗保险费、失业保险费、住房公积金有关个人所得税政策的通知》（财税〔2006〕10 号）。企事业单位按照国家或省（自治区、直辖市）人民政府规定的缴费比例或办法实际缴付的基本养老保险费、基本医疗保险费和失业保险费，免征个人所得税；个人按照国家或省（自治区、直辖市）人民政府规定的缴费比例或办法实际缴付的基本养老保险费、基本医疗保险费和失业保险费，允许在个人应纳税所得额中扣除。企事业单位和个人超过规定的比例和标准缴付的基本养老保险费、基本医疗保险费和失业保险费，应将超过部分并入个人当期的工资、薪金收入，计征个人所得税。

根据《住房公积金管理条例》《建设部 财政部 中国人民银行关于住房公积金管理若干具体问题的指导意见》（建金管〔2005〕5 号）等的规定，单位和个人分别在不超过职工本人上一年度月平均工资 12% 的幅度内，其实际缴存的住房公积金，允许在个人应纳税所得额中扣除。单位和职工个人缴存住房公积金的月平均工资不得超过职工工作地所在设区城市上一年度职工月平均工资的 3 倍，具体标准按照各地有关规定执行。单位和个人超过上述规定比例和标准缴付的住房公积金，应将超过部分并入个人当期的工资、薪金收入，计征个人所得税。个人实际领（支）取原提存的基本养老保险金、基本医疗保险金、失业保险金和住房公积金时，免征个人所得税。

根据我们的建议，A 企业提高了住房公积金缴纳比例，按照职工工资的 12% 缴纳住房公积金，减轻了职工个人税负，增加了职工个人所得。虽然职工每月到手的钱有所减少，但经过解释，职工也愉快地接受了。

四、使用年终一次性奖金的计算方法

该计算方法每一个纳税人一年内只能使用一次。目前我国工资薪酬执行 3% ~45% 七级超额累计税率依据，工资发得的越多，适用税率越高。年终奖也是这样。

政策依据：《国家税务总局关于雇主为雇员承担全年一次性奖金部分税款有关个人所得税计算方法问题的公告》（国家税务总局公告 2011 年第 28 号）。1. 雇主为雇员负担全年一次性奖金部分个人所得税款，属于雇员又额外增加了收入，应将雇主负担的这部分税款并入雇员的全年一次性奖金，换算为应纳税所得额后，按照规定方法计征个人所得税。2. 将不含税全年一次性奖金换算为应纳税所得额的计算方法。（1）雇主为雇员定额负担税款的计算公式：应纳税所得额 = 雇员取得的全年一次性奖金 + 雇主替雇员定额负担的税款 − 当月工资薪金低于费用扣除标准的差额。（2）雇主为雇员按一定比例负担税款的计算公式：①查找不含税全年一次性奖金的适用税率和速算扣除数，即未含雇主负担税款的全年一次性奖金收入 ÷ 12，根据其商数找出不含税级距对应的适用税率 A 和速算扣除数 A。②计算含税全年一次性奖金，即应纳税所得额 =（未含雇主负担税款的全年一次性奖金收入 − 当月工资薪金低于费用扣除标准的差额 − 不含税级距的速算扣除数 A

×雇主负担比例）÷（1－不含税级距的适用税率A×雇主负担比例）3. 对上述应纳税所得额，扣缴义务人应按照国税发〔2005〕9号文件规定的方法计算应扣缴税款。即：将应纳税所得额÷12，根据其商数找出对应的适用税率B和速算扣除数B，据以计算税款。计算公式：应纳税额＝应纳税所得额×适用税率B－速算扣除数B；实际缴纳税额＝应纳税额－雇主为雇员负担的税额。4. 雇主为雇员负担的个人所得税款，应属于个人工资薪金的一部分。凡单独作为企业管理费列支的，在计算企业所得税时不得税前扣除。

但这一方法在使用时，需要进行测算，遵循“不超临界点”的原则。避免“多发一元钱奖金，多交几百元税钱”情况的发生。

五、建立企业年金制度

政策依据：《财政部 人力资源社会保障部 国家税务总局关于企业年金、职业年金个人所得税有关问题的通知》（财税［2013］103号）。一、企业年金和职业年金缴费的个人所得税处理：1. 企业和事业单位（以下统称单位）根据国家有关政策规定的办法和标准，为在本单位任职或者受雇的全体职工缴付的企业年金或职业年金（以下统称年金）单位缴费部分，在计入个人账户时，个人暂不缴纳个人所得税。2. 个人根据国家有关政策规定缴付的年金个人缴费部分，在不超过本人缴费工资计税基数的4%的标准内的部分，暂从个人当期的应纳税所得额中扣除。3. 超过本通知第一条第1项和第2项规定的标准缴付的年金单位缴费和个人缴费部分，应并入个人当期的工资、薪金所得，依法计征个人所得税。税款由建立年金的单位代扣代缴，并向主管税务机关申报解缴。4. 企业年金个人缴费工资计税基数为本人上一年度月平均工资。月平均工资按国家统计局规定列入工资总额统计的项目计算。月平均工资超过职工工作地所在设区城市上一年度职工月平均工资 300% 以上的部分，不计入个人缴费工资计税基数。

依据以上文件，从个人所得税角度来看，只要是在政策规定的比例范围内，就可以既为员工谋取福利，又合法、充分地享受相关的个人所得税优惠政策，因此我们建议 A 企业建立企业年金制度。

当然，减轻个人所得税税负的途径还有很多，笔者只是将适合 A 企业的做法做了一下总结。如果有更好的方法，欢迎大家一起商榷。

促销活动的税收筹划

一、项目基本情况

A 商场为扩大销售，准备在 2016 年中秋节期间开展一次促销活动，拟采用以下三种方式进行：

1. 让利（折扣）20% 销售商品，即企业将 1000 元的商品以 800 元的价格销售，或者商场的销售价格仍为 1000 元，但在同一张发票上的“金额”栏反映折扣额为 200 元。

2. 赠送商品，即商场在销售 800 元商品的同时，再赠送价值 200 元的商品。

3. 返还 20% 的现金，即企业销售 1000 元商品的同时，向顾客赠送 200 元现金。

以销售 1000 元商品为基数，参与该次活动的商品购进成本为含税价 600 元（即购进成本占售价的 60%）。经测算，A 商场每销售 1000 元商品可以在企业所得税前扣除的工资和其他费用为 50 元。请为 A 商场进行纳税筹划方案设计（促销活动期间顾客产生的个人所得税由 A 商场代付）。

二、纳税筹划依据

1. 折扣销售。国税函〔2010〕56号文件规定，纳税人采取折扣方式销售货物，如果销售额和折扣额在同一张发票上分别注明的，可按折扣后的销售额征收增值税。“纳税人采取折扣方式销售货物，销售额和折扣额在同一张发票上分别注明”是指销售额和折扣额在同一张发票上的“金额栏”分别注明，可按折扣后的销售额征收增值税。未在同一张发票“金额栏”注明折扣额，而仅在发票的“备注栏”注明折扣额的，折扣额不得从销售额中减除。

2. 实物折扣（如：买一赠一）。增值税方面，折扣销售的税收优惠仅适用于对货物价格的折扣，而不适用于实物折扣（如：买一赠一）。如果销售者将自产、委托加工和购买的货物用于实物折扣，则该实物价款不能从销售额中减除，且该实物应按《中华人民共和国增值税暂行条例》规定的“视同销售货物”中的“无偿赠送他人”计算征收增值税。企业所得税方面，企业以“买一赠一”等方式组合销售本企业商品的，不属于捐赠，应将总的销售金额按各项商品的公允价值的比例来分摊确认各项的销售收入。个人所得税方面，财税〔2011〕50号文件第一条规定，企业在向个人销售商品（产品）和提供服务的同时给予赠品，不征收个人所得税，如通信企业对个人购买手机赠话费、入网费，或者购话费赠手机等。

3. 返还现金。返还现金是指企业在销售货物的同时，返还部分现金给购货方，返还部分现金相当于赠送现金给购买方。《中华人民共和国企业所得税法》第九条规定，企业发生的公益性捐赠支出，在年度利润总额12%以内的部分，准予在计算应纳税所得额时扣除，除此以外的捐赠支出都不允许税前扣除，返还现金不属于公益性捐赠，不得在企业所得税前扣除。

三、纳税筹划思路

对于折扣销售，应尽量使销售额和折扣额在同一张发票上分别注明，按折扣后的销售额累计征增值税，这样便可达到节税的目的。企业在选择折扣方式时，应当尽量不选择实物折扣，在必须采用实物折扣的销售方式的情况下，企业可以在发票上作适当的调整，变“实物折扣”为“价格折扣（折扣销售）”或采用捆绑销售方式，以达到节税的目的。对于返还现金的折扣方式，由于这部分金额不得在税前扣除，所以加重了企业所得税税负，若选择变“返还现金”为“价格折扣（折扣销售）”的方式，便可以收到节税的效果。

四、纳税筹划过程

方案一：让利（折扣）20%销售商品，即A商场将1000元的商品以800元的价格销售，或者企业的销售价格仍为1000元，但是在同一张发票上的“金额栏”反映折扣额为200元。

应纳增值税税额 =（800 − 600）÷（1 + 17%）× 17% = 29.10（元）

应纳城市维护建设税及教育费附加 = 29.10 ×（7% + 3%）= 2.91（元）

应纳企业所得税 = [（800 − 600）÷（1 + 17%）− 50 − 2.91] × 25% = 29.51（元）

税后利润 =（800 - 600）÷（1 + 17%）- 50 - 2.91 - 29.51 = 88.52（元）

方案二：赠送商品，即企业在销售 800 元商品的同时，再赠送价值 200 元的商品。

应纳增值税税额 = 800 ÷（1 + 17%）× 17% - 480 ÷（1 + 17%）× 17% = 46.50（元）

赠送价值 200 元的商品，按照现行增值税税收政策的规定，应视同销售处理：

应纳增值税 = 200 ÷（1 + 17%）× 17% - 120 ÷（1 + 17%）× 17% = 11.62（元）

应纳增值税税额合计 = 46.50 + 11.62 = 58.12（元）

应纳城市维护建设税及教育费附加 = 58.12 ×（7% + 3%）= 5.81（元）

应纳企业所得税 = [（800 - 480 - 120）÷（1 + 17%）- 50 - 5.81] × 25% = 28.78（元）

税后利润 =（800 - 480 - 120）÷（1 + 17%）- 50 - 5.81 - 28.78 = 86.35（元）

方案三：返还 20% 的现金，即企业销售 1000 元商品的同时，向顾客赠送 200 元现金。

应纳增值税税额 =（1000 - 600）÷（1 + 17%）× 17% = 58.12（元）

应纳城市维护建设税及教育费附加 = 58.12 ×（7% + 3%）= 5.81（元）

企业代付个人所得税 = 200 ÷（1 - 20%）× 20% = 50（元）

应纳企业所得税 = [（1000 - 600）÷（1 + 17%）- 50 - 5.81] ×

25% =71.52（元）

注：企业代付的个人所得税及返还的现金均不得在企业所得税税前扣除

税后利润 =（1000 - 600）÷（1 + 17%）- 50 - 200 - 5.81 - 50 - 71.52 = -35.45（元）

将以上各方案的计算结果进行汇总分析后得出下表：

各方案的税收负担及利润比较

单位：元

方案	增值税	城建税及教育费附加	企业所得税	代付个人所得税	税负合计	税后利润
方案1	29.10	2.91	29.51	0	61.52	88.52
方案2	58.12	5.81	28.78	0	92.71	86.35
方案3	58.12	5.81	71.52	50	185.45	-35.45

五、纳税筹划结论

方案一与方案二相比，A商场少缴税31.19（92.71 - 61.52）元，税后多盈利2.17（88.52 - 86.35）元；方案一与方案三相比，A商场少缴税123.93（185.45 - 61.52）元，税后多盈利123.97［88.52 -（-35.45）］元。因此，应当选择方案一。

六、纳税筹划点评

企业在选择折扣方式时不能盲目，应当全面权衡，综合筹划，以便降低成本，获得最大的经济效益。

长期股权投资退出的税收筹划

一、案例背景

2008 年 1 月 1 日，航天公司和新华公司共同成立了一家纺织企业南方家纺公司（简称南方家纺），南方家纺公司注册资本和实收资本均为 10000 万元，其中航天公司出资 6000 万元，占 60%；新华公司出资 4000 万元，占 40%。出资前，航天公司与新华公司无关联关系。经过几年的发展，截至 2016 年 6 月 30 日，南方家纺公司账面净资产达到 15000 万元，其中实收资本 10000 万元，盈余公积 500 万元，未分配利润 4500 万元。航天公司的股权公允价值为 10000 万元（股权转让价款）。

2016 年 8 月，航天公司看好另一项目栖霞科技，准备从南方家纺公司退出，将资金投资于栖霞科技。那么，航天公司如何退出，才能够达到最优的税收效果？

二、长期股权投资退出的几种方式

长期股权投资退出有三种方式：一是直接转让股权；二是减资或撤资；三是被投资单位清算。

三、长期股权投资退出不同税务处理方式的比较

（一）直接转让股权的税务处理

根据《国家税务总局关于贯彻落实企业所得税法若干税收问题的通知》（国税函〔2010〕79号）第三条的规定，企业转让股权收入，应于转让协议生效，且完成股权变更手续时，确认收入的实现。转让股权收入扣除为取得该股权所发生的成本后，为股权转让所得。企业在计算股权转让所得时，不得扣除被投资企业未分配利润等股东留存收益中按该项股权所可能分配的金额。

航天公司转让该项投资的收益为10000－6000＝4000（万元），这4000万元实际上包括南方家纺账面已实现的税后利润份额3000万元（5000万元的60%）。根据国税函〔2010〕79号，股权转让所得4000万元全部计税，应交企业所得税为4000×25%＝1000（万元），转让净收益为3000万元。虽然留存收益部分5000万元已经交过企业所得税，属于税后收益，但是不能在所得额中扣减。

（二）减资或撤资的税务处理

根据《国家税务总局关于企业所得税若干问题的公告》（总局〔2011〕34号公告）第五条关于“投资企业撤回或减少投资的税务处理”的规定，投资企业从被投资企业撤回或减少投资，其取得的资产中，相当于初始出资的部分，应确认为投资收回；相当于被投资企业累计未分配利润和累计盈余公积按减少实收资本比例计算的部分，应确认为股息所得；其余部分确认为投资资产转让所得。

航天公司的股权转让价款为10000万元，投资成本为6000万

元，股息所得为 $5000\times60\%=3000$（万元），投资资产转让所得为 $10000-6000-3000=1000$（万元）。

根据《中华人民共和国企业所得税法》第二十六条的规定，符合条件的居民企业之间的股息、红利等权益性投资收益免税。因此，上述视同股息所得的3000万元不需要交纳企业所得税，航天公司实际应交企业所得税为 $1000\times25\%=250$（万元），撤资净收益为 $4000-250=3750$（万元）。

（三）清算

根据《财政部 国家税务总局关于企业清算业务企业所得税处理若干问题的通知》（财税〔2009〕60号）第五条的规定，被清算企业的股东分得的剩余资产的金额，其中相当于被清算企业累计未分配利润和累计盈余公积中按该股东所占股份比例计算的部分，应确认为股息所得；剩余资产减除股息所得后的余额，超过或低于股东投资成本的部分，应确认为股东的投资转让所得或损失。

假设南方家纺清算完以后账面的净资产仍为15000万元，航天公司按比例分得9000万元，其中投资成本6000万元，股息所得为3000万元，没有投资转让所得和损失，不需要交税，清算净收益为3000万元。

通过上述三种对长期股权投资的处理对比分析可以看出，减资或撤资产生的净收益最大，其次为股权转让，最后为清算。清算股东虽然没有缴纳企业所得税，但股权价值不再体现出市场公允价值，而是清算价值。

四、三种长期股权投资退出处理的适用条件分析

通过上述分析，减资或撤资是最优的处理方式，但三种处理方式需要一定的适用条件，直接的股权转让方式需要获取市场公允价值，并且有股权接收方；按照市场公允价值减资或撤资需要得到其他被投资单位股东的认可，否则，按照市场公允价值减资或撤资方案将无法操作；清算方案一般只适用于被投资单位不再有存在价值时方可采用。

集团公司的税收筹划

一、集团及控股子公司的经营情况

G集团公司属于央企Y总公司的省级公司，其在本省的每一地市均设立市级子公司。

G集团公司的主要作用为贯彻执行Y总公司的经营方针政策和管理各地市级子公司，本身无经营收入，每年仅有100万元左右的沿街闲置房屋出租收入，每年利润总额和净利润20亿～30亿元，来源主要为每年子公司上交的现金股利分红。因扣除子公司的股权投资收益后应纳税所得额为－2亿元左右，主要为集团公司本部的人员工资及办公楼等固定资产折旧和日常费用支出，故无须缴纳企业所得税。

G集团公司的各地市级子公司负责集团公司的实际销售业务，各地市级子公司每年均盈利，且因处于行业垄断地位，每年各地市级子公司的营业收入合计为500亿～550亿元，每年实际缴纳增值税、消费税和企业所得税等105亿元左右。

二、节税建议

2015 年审计组根据 Y 总公司的委托对 G 集团公司进行年度财务决算审计。出具审计报告的同时，在出具的管理建议书中提出以下节税建议：

将各地市级子公司的部分业务转移至 G 集团公司，增加一个销售部门，使 G 集团公司每年有足量的营业收入来进行节税。其影响的税种包括：

第一，增值税。G 集团公司每年都会对行业信息管理系统和经营财务管理系统进行维护和升级，每年的费用支出产生进项税额约 50 万元；G 集团公司每年均存在采购电脑、打印机等办公设备固定资产支出，产生增值税进项税额约 20 万元；同时，G 集团公司每年还有车辆的维修费用和燃油费用支出，以及中介机构咨询费等支出，上述事项每年大约会给 G 集团公司带来 100 万元的增值税进项税额。

第二，企业所得税。G 集团公司每年的管理费用支出约 2 亿元，增加其销售业务后，管理费用基本可以在所得税前抵减，节税约 5000 万元。

将各地市级子公司的部分业务转移至 G 集团公司后，既可以减轻各地市级子公司的税负，同时 G 集团公司又可以在税前抵减日常运营支出，增值税进项税额也可以抵扣，从而达到从整个 G 集团公司层面来减轻税负，增加 G 集团公司净利润的目的。

房地产开发商对许诺赠送的装修、家私等支出的核算方法及税负选择

实践中，常有房地产开发商在广告和售楼书上许诺赠送装修、家私等。正式签订房地产买卖合同时，律师也会提醒消费者将开发商在广告和售楼书上许诺赠送的装修、家私等内容写进合同。对于发生于峻工验收日后的装修、家私等支出，财务处理上大致有以下四种选择：

其一，确认为商品房“销售费用”。此法符合会计制度的规定，但必须取得合法的支出凭据入账方可税前列支。

其二，确认为“营业外支出——非公益性捐赠支出”。此法不仅面临税前列支限制，在购房方为个人时，还导致支出方承担代扣代缴购房人“偶然所得——受赠所得”个人所得税的扣缴义务，最不可取。

其三，减收抵支，屏蔽支出。先由售房方依据合同的“适当”约定，将拟投入的装修、家私等支出作为交易减价因素，降低售楼价格，经济活动中不体现、会计核算上不反映许诺赠送的装修、家私支出。此法不仅可以减少营业税支出，而且不必外购

商品、索取发票和组织施工，买方掌握装修自主权。

其四，预计负债法。先由售房方依据合同的“适当”约定，将拟投入的装修、家私等支出确认为售房当期的“预计负债——预计装修等支出”，销售实现后再向买方退还等额房款或冲销应收房款，同时结平前述“预计负债”。此法之优似“其三”，只是会计核算上对“许诺赠送的装修、家私支出”的营销承诺有所反映。

注：“返首期”“拆迁补偿费”“减免物业管理费”的核算技巧与此有相通之处，在此不作赘述。

合作建房的税收筹划

（一）什么是合作建房？

合作建房，是指由一方提供土地使用权，另一方提供资金，作为共同投资，共享利润、共担风险合作开发房地产。

（二）合作建房应当具备的条件

最高人民法院《关于审理涉及国有土地使用权合同纠纷案件适用法律问题的解释》（法释〔2005〕5号）、最高人民法院《关于审理房地产管理法施行前房地产开发经营案件若干问题的解答》（法发〔1996〕2号）规定，合作建房必须同时具备下列条件：

1. 双方以土地使用权或资金共同投资；

2. 双方共同承担风险；

3. 双方共同享受利润。

（三）不属于合作建房的情况

最高人民法院《关于审理涉及国有土地使用权合同纠纷案件适用法律问题的解释》（法释〔2005〕5号）规定，下列情况不属于合作建房：

1. 合作开发房地产合同约定提供土地使用权的当事人不承担

经营风险，只收取固定利益的，应当认定为土地使用权转让合同。

2. 合作开发房地产合同约定提供资金的当事人不承担经营风险，只分配固定数量房屋的，应当认定为房屋买卖合同。

3. 合作开发房地产合同约定提供资金的当事人不承担经营风险，只收取固定数额货币的，应当认定为借款合同。

4. 合作开发房地产合同约定提供资金的当事人不承担经营风险，只以租赁或者其他形式使用房屋的，应当认定为房屋租赁合同。

（四）相关案例

T房地产开发公司（以下简称T公司）与A国有单位（以下简称A单位）拟签订合作建房协议，协议主要条款为：A单位提供其50亩国有划拨仓储用土地（土地及旧房市场价15000万元，含出让金7500万元；地上有旧房15000平方米，评估价值2000万元），T公司出资金，双方合作建房。T公司一次性支付A单位9000万元，A单位不再干预该项目的具体运作，只是配合好T公司办理土地过户、项目报建报批等手续（费用由T公司负担）。为了取得最大的经济效益，A单位向B税务师事务所咨询，如何在不违反税法的前提下，尽量少交税款?

（五）案例涉税分析

显然，上述案例不属于法律意义上的合作建房。

按现有协议条款，A单位需要缴纳的税款为：

1. 增值税。

$9000 \div (1+5\%) \times 5\% = 428.57$（万元）

2. 城建税、教育附加、地方附加、水利建设基金。

$(7\% + 3\% + 2\% + 1\%) = 428.57 \times 13\% = 55.71$（万元）

3. 土地增值税。

（1）扣除项目金额 = 7500 + 2000 + 428.57 + 55.71 = 9984.28（万元）

（2）土地增值额 = 15000 − 9984.28 = 5015.72（万元）

（3）增值率 = 5015.72 ÷ 9984.28 × 100% = 50.24%

（4）土地增值税 = 5015.72 × 40% − 9984.28 × 5% = 2006.29 − 499.21 = 1507.08（万元）

该方案中，A 单位需要缴纳的税收合计为 428.57 + 55.71 + 1507.08 = 1991.36（万元）。

（六）案例筹划方案

B 税务师事务所建议，A 单位提供土地使用权，T 公司出资金，双方成立具有独立法人资格的合营项目公司合作建房，双方采取风险共担、利润共享的分配方式。按照“以无形资产投资入股，参与接受投资方的利润分配，共同承担投资风险的行为，不征营业税”的规定，对 A 单位向合营企业提供的土地使用权，视为投资入股，对其不征收增值税，相应的，城建税、附加税也不予征收。

财税〔2006〕21 号规定，自 2006 年 3 月 2 日起，对于以土地（房地产）作价投资入股进行投资或联营的，凡所投资、联营的企业从事房地产开发的，或者土地增值税房地产开发企业以其建造的商品房进行投资和联营的，均不适用财税字〔1995〕48 号文件第一条暂免征收土地增值税的规定，应按规定缴纳土地增值税。

该筹划方案对企业所得税不予考虑。

该筹划方案较拟签订协议方案节约增值税、城建税、附加税

484.28 万元。

（七）案例筹划依据

1.《国家税务总局关于印发 <营业税问题解答（之一）> 的通知》（国税函发〔1995〕156 号）

2.《财政部 国家税务总局关于土地增值税一些具体问题规定的通知》（财税字〔1995〕48 号）

3.《财政部 国家税务总局关于土地增值税若干问题的通知》（财税〔2006〕21 号）

4.《财政部 国家税务总局关于全面推开营业税改征增值税试点的通知》（财税〔2016〕36 号）

股权转让个人所得税的税收筹划

人的一生有两件事是不可避免的，一是死亡，二是纳税。死亡不可避免，但可以通过锻炼、养生等手段延年益寿；纳税也不可避免，但可以通过多种方式进行筹划，有效减轻税收负担。本文谨举一例对股权转让个人所得税的税收筹划进行分析。

一、股权转让个人所得税的相关概念、征税对象、税率及算法

1. 个人所得税是以自然人取得的各类应税所得为征税对象而征收的一种所得税。个人所得税的征税对象不仅包括个人，还包括具有自然人性质的企业。

2. 征税对象、税率。

利息、股息、红利所得，是指个人拥有债权、股权而取得的利息、股息、红利所得。

股息、红利，是指个人拥有股权取得的股息、红利。

特许权使用费所得，利息、股息、红利所得，财产租赁所得，财产转让所得，偶然所得和其他所得，适用比例税率，税率为20%。

利息、股息、红利所得，偶然所得和其他所得，以每次收入额为应纳税所得额。

3. 利息、股息、红利所得应纳税额的计算：

应纳税额 = 应纳税所得额 × 适用税率

= 每次收入额 × 20%

二、案例

（一）案例描述及税收筹划方案

W 公司由张先生投资成立，经过三年的发展，形成了一定的积累。公司发展前景很好，所有者权益明细如下：

项目	金额
实收资本——张先生	500 万元
资本公积——其他资本公积	250 万元
盈余公积	250 万元
未分配利润	1000 万元
所有者权益合计	2000 万元

经过协商，张先生决定将公司转让给王小姐。转让方式有两种方案供选择：

方案一：自然人直接转让股权模式。

张先生以 2050 万元将公司转让给王小姐（假定税务认定公允），张先生应缴纳（2050 - 500）× 20% = 310（万元）个人所得税。

2015 年 10 月，王小姐决定将 1000 万元的未分配利润予以分红，缴纳个人所得税 200 万元。

W 公司分红后，公司所有者权益明细如下：

项目	金额
实收资本——王小姐	500 万元
资本公积——其他资本公积	250 万元
盈余公积	250 万元
未分配利润	0 万元
所有者权益合计	1000 万元

2015 年 12 月，王小姐将 W 公司 100% 的股权转让给李先生，股权转让价格 1100 万元（假定税务认定公允）。

王小姐低于 2050 万元成交，不缴个人所得税。

王小姐净赚：1000（分红）－200 个人所得税 ＋1100（收李先生）－2050（付张先生）＝－150（万元）

方案二：自然人先分红后转让股权模式。

经协商，张先生决定先分红后再将公司转让给王小姐。张先生先分红 1000 万元，缴纳 1000×20%＝200（万元）个人所得税。之后，张先生以 1050 万元将公司转让给王小姐（假定税务认定公允），张先生缴纳（1050－500）×20%＝110（万元）个人所得税。

先分红再转让，公司所有者权益明细如下：

项目	金额
实收资本——王小姐	500 万元
资本公积——其他资本公积	250 万元
盈余公积	250 万元
未分配利润	0 万元
所有者权益合计	1000 万元

2015 年 12 月，王小姐将 W 公司 100% 的股权转让给李先生，股权转让价格 1100 万元。

所得：1100 - 1050（原值）= 50（万元）

个人所得税：50 × 20% = 10（万元）

王小姐净赚：1100（收李先生）- 1050（付张先生）- 10（个人所得税）= 40（万元）。

（二）方案比较

从上述案例中可以看出，采用自然人先分红后转让股权模式（方案二），能有效减轻个人所得税负担，提高股权转让净收益。

王小姐收入对比如下：

金额单位：万元

项目	直接转让	先分红后转让
成本（付）	2050	1050
分红（收）	1000	0
分红税（付）	200	0
本次收	1100	1100
本次税（付）	0	10
净赚	-150	40

张先生收入对比如下：

金额单位：万元

项目	直接转让	先分红后转让
分红（收）	0	1000
红利税（付）	0	200
转让（收）	2050	1050
个税（付）	310	110
成本	500	500
净赚	1240	1240

结论：对转让方张先生而言结果一致，对受让方王小姐而言先分红后转让可节税190万元。

三、启发与思考

此案例中王小姐仅仅改变了业务流程顺序，就产生了明显不同的结果，充分说明纳税是可以筹划的，好的筹划方案能带来显著的经济效益。纳税人应学好用好税法，结合实际业务对各种方案的税收负担进行深入研究，方案不同，选择不同，将导致节税结果不同。并且，纳税筹划应按最佳方案妥善处理合同签订，业务执行，税收核算、缴纳等环节。

另外，要理性接受税务稽查。对于企业个人股东发生股权转让的行为，主要核实检查：企业是否按照《国家税务总局关于发布〈股权转让个人所得税管理办法（试行）〉的公告》（国家税务总局公告2014年第67号）的规定履行相关报告义务，股权受让方是否按规定履行股权转让所得个人所得税代扣代缴义务。纳税人可按“三分靠沟通，七分靠业务；和谐征纳不吃明亏，自强不息不吃暗亏；缓和矛盾，遵循法律，理解税务；重视易触发税务稽查的信息”等原则妥善应对。

化工装置转让的税收筹划

一、案例描述

2016年6月，山东某大型化工企业X公司（2010年设立）拟将其空分装置转让给某空气专业公司Y公司。经资产评估公司采用成本法评估，空分装置市场价值35000万元，其中设备27000万元（不含增值税）、房屋建筑物8000万元。Y公司设立全资项目公司Z公司进行运作。X公司主要针对涉及的增值税进行税收筹划，同时根据交易方式双方不断协商修改《气体供应合同》。

方案一：实物转让。

1. 设备：2009年1月1日后取得的，按适用税率17%计算销项税 = 不含税销售额 × 17% = 27000 × 17% = 4590（万元）。

2. 房屋建筑物：2016年4月30日前取得的，简易计税，应纳增值税 = 含税销售额 ÷（1 + 5%）× 5% = 8000 ÷（1 + 5%）× 5% = 380.95（万元）。

X公司应纳增值税税额 = 4590 + 380.95 = 4970.95（万元）（不考虑当期进项税额抵扣）

Z公司进项税留抵额 = 4590 + 380.95 = 4970.95（万元）

方案二：打包转让。

《关于全面推开营业税改征增值税试点的通知》（财税

〔2016〕36号）中附件2《营业税改征增值税试点有关事项的规定》规定：在资产重组过程中，通过合并、分立、出售、置换等方式，将全部或者部分实物资产以及与其相关联的债权、负债和劳动力一并转让给其他单位和个人，其中涉及的不动产、土地使用权转让行为属于不征收增值税项目。

经协商，X公司拟将空分装置相关资产及债权1000万元、负债1000万元、相关员工20人一并打包转让给Z公司。Z公司另行与20人签订劳动合同。

该交易X公司不缴纳增值税，Z公司也无进项税留抵额。

二、方案比较

方案一：实物转让。

X公司当期资金净流入 =（35000 + 4590）－ 4970.95 = 34619.05（万元）（当期纳税4970.95万元）

Z公司当期资金净流出 = 35000 + 4590 = 39590（万元）（进项税留抵4970.95万元）

方案二：打包转让。

X公司当期资金净流入 = 35000 + 1000 － 1000 = 35000（万元）（当期纳税0万元）

Z公司当期资金净流出 = 35000 － 1000 + 1000 = 35000（万元）（无进项留抵额）

经过比较发现，若X公司采用方案二，则可以充分利用税收政策减轻增值税税收负担，增加实际现金流，从而实现企业税收负担最小化。（对Z公司也是较好的选择，不用提前支付进项税4970.95万元，获得资金的时间价值，从而提高资金的使用效益）

三、税收筹划的主要依据

1.《关于全面推开营业税改征增值税试点的通知》（财税〔2016〕36号）中附件2《营业税改征增值税试点有关事项的规定》（二）不征收增值税项目。5. 在资产重组过程中，通过合并、分立、出售、置换等方式，将全部或者部分实物资产以及与其相关联的债权、负债和劳动力一并转让给其他单位和个人，其中涉及的不动产、土地使用权转让行为。

（鲁政发〔2016〕10号）五、降低企业优化产能支出 29. 全面落实企业重组改制税收优惠政策。企业通过合并、分立、出售、置换等方式，转让全部或者部分实物资产以及与其相关联的债权、负债和劳动力的，涉及的货物转让不征增值税，涉及的不动产、土地使用权转让不征营业税（营改增后，暂不征收增值税）。

2.《关于纳税人资产重组有关增值税问题的公告》（国家税务总局公告2011年第13号）。纳税人在资产重组过程中，通过合并、分立、出售、置换等方式，将全部或者部分实物资产以及与其相关联的债权、负债和劳动力一并转让给其他单位和个人，不属于增值税的征税范围，其中涉及的货物转让，不征收增值税。

另外，《关于纳税人资产重组有关营业税问题的公告》（国家税务总局公告2011年第51号）规定：纳税人在资产重组过程中，通过合并、分立、出售、置换等方式，将全部或者部分实物资产以及与其相关联的债权、债务和劳动力一并转让给其他单位和个人的行为，不属于营业税征收范围，其中涉及的不动产、土地使用权转让，不征收营业税。

四、税收筹划启示

熟练运用现行税收法规是税收筹划的前提。税收筹划的目标包括正确履行纳税义务、降低纳税成本、获取资金时间价值和减轻税收负担等。税收筹划要兼顾相对方的利益，友好协商、互惠共赢。上述 X 公司税收筹划较好地实现了双方共赢，促进了交易的顺利进行。

A 公司与 B 有限公司资产重组咨询启示

一、财税咨询报告摘要

被分立方：A 公司

分 立 方：B 有限公司

重组过程中的有关税收问题

1. 增值税：本次重组属分立，符合不征增值税的规定，无须开具发票。

2. 营业税：本次重组属分立，不涉及土地使用权及房屋建筑物，不征营业税。

3. 企业所得税：

- 本次重组属分立，完全具备特殊税务处理条件，可以不确认资产转让所得，不征企业所得税。
- 亏损的弥补办法：被分立企业未超过法定弥补期限的亏损额可按分立资产占全部资产的比例进行分配，由分立企业继续弥补。

4. 个人所得税：本次重组涉及个人所得税征免，要根据具体股权支付情况判断，根据审计结果和重组协议具体确定。

5. 印花税：本次重组免征印花税。

6. 土地增值税与契税：本次重组不涉及土地及房屋建筑物，不征土地增值税及契税。

二、财税咨询报告

A 公司：

基于对 11 月 11 日与贵公司管理层沟通过程中获取信息和情况的理解，我们对 A 公司与 B 公司重组过程中涉及的有关财税情况提供咨询，并根据贵公司所提供的资料与对沟通情况的理解，结合现行财税法规的有关规定，出具以下财税咨询报告供贵公司领导决策与参考。

（一）重组双方的基本情况

1. 被分立企业——A 公司：成立于××××年××月××日，营业执照号码：123567，注册资本×××万元，实收资本×××万元。其中，A 公司集团有限公司出资额为×××万元。

住所：××。

经营范围：×××。

2. 分立企业——B 公司：成立于××××年××月××日，营业执照号码：×××，注册资本×××万元，实收资本××万元。其中，A 公司集团有限公司出资额×××万元。

住所：×××。

经营范围：××××（依法须经批准的项目，经相关部门批准后方可开展经营活动）。

重组双方股东及注册资本情况

单位：万元

股东及出资额 / 分立双方单位名称	A 集团有限公司	××	×××	合　计
被分立企业：A 公司	×	××	××	×××
分 立 企业：B 公司	×	××		×××
合　　计	××	××	××	×××

（二）沟通理解的重组框架思路

1. 登记：A 公司保留原有的登记事项不变，B 公司变更登记经营范围及股东。

2. 资产与负债安排：A 公司保留土地使用权、房屋建筑物、货币资金、实收资本，并偿还银行债务；B 公司交易支付对价 100% 采用股权支付，重组分立 A 公司除土地使用权、房屋建筑物之外的非货币性资产，承继全部非银行债务。

3. 人员安排：人员一并转移到 B 公司，涉及的管理人员可考虑兼职 A 公司的管理事务。

（三）重组方式定义与分立程序

1. 重组方式定义。

根据上述重组框架思路和《中华人民共和国公司法》的有关规定，本次重组具备分立的条件属派生分立。被分立公司 A 公司，分立公司 B 公司。

具体规定：分立是指一个企业依照有关法律、法规的规定，分立为两个或两个以上的企业的法律行为。派生分立，又称存续分立，是指一个公司将一部分财产或营业依法分出，成立两个或两个以上公司的行为。在存续分立中，原公司继续存在，原公司的债权债务可由原公司与新公司分别承担，也可按协议由原公司独立承担；新公司取得法人资格，原公司也继续保留法人资格。

2. 公司分立的程序。

分立属于公司的重大法律行为，必须严格依照法律规定的程序进行。

（1）董事会拟订分立方案报股东大会做出决议。

公司分立方案由董事会拟订并提交股东大会讨论决定；股东大会做出分立决议，必须经出席会议的股东所持表决权的 2/3 以上通过。

（2）分立各方，即原公司股东就分立的有关具体事项订立协议。

（3）处理债权、债务等各项分立事宜。

包括由原公司编制资产负债表和财产清单，并自股东大会做出分立决议之日起 10 日内通知债权人，且于 30 日内在报纸上至少公告 3 次。债权人自接到通知书之日起 30 日内，未接到通知书的自第一次公告起 90 日内，有权要求公司清偿债务或者提供相应的担保。不清偿债务或者不提供相应担保的，公司不得分立。

（4）依法办理变更登记手续。

因分立而存续的公司，其登记事项发生变化的，应当申请变更登记。

（四）重组过程中的有关税收问题

重组将会涉及增值税、营业税、企业所得税、个人所得税、土地增值税、契税、印花税税种。

1. 增值税。

本次重组属分立，符合不征增值税的范围，无须开具发票。

适用条件的判断：

根据《中华人民共和国增值税暂行条例》及其实施细则的规定，增值税的征收范围为在中华人民共和国境内销售货物或者提供加工、修理修配劳务以及进口货物。企业分立不属于该征税范围，其实质是被分立企业股东将该企业的资产、负债转移至另一家企业，有别于被分立企业将该公司的资产（存货、固定资产）转让给另一家企业的应征增值税行为，因此，企业分立不应征收增值税。

《国家税务总局关于纳税人资产重组有关增值税问题的公告》（国家税务总局公告2013年第66号）规定：纳税人在资产重组过程中，通过合并、分立、出售、置换等方式，将全部或者部分实物资产以及与其相关联的债权、负债经多次转让后，最终的受让方与劳动力接收方为同一单位和个人的，仍适用《国家税务总局关于纳税人资产重组有关增值税问题的公告》（国家税务总局公告2011年第13号）的相关规定，其中货物的多次转让行为均不征收增值税。资产的出让方需将资产重组方案等文件资料报其主管税务机关。

2．营业税。

本次重组属分立，不涉及土地使用权及房屋建筑物，不征营业税。

适用条件的判断：

《国家税务总局关于转让企业产权不征收营业税问题的批复》（国税函165号）规定：根据《中华人民共和国营业税暂行条例》及其实施细则的规定，营业税的征收范围为有偿提供应税劳务、转让无形资产或者销售不动产的行为。本次重组属分立，不存在企业销售不动产、转让无形资产的行为。因此，不属于营业税征收范围，不应征收营业税。

3．企业所得税。

本次重组属分立，完全具备特殊税务处理条件，可以不确认资产转让所得，不征企业所得税。

亏损的弥补办法：被分立企业未超过法定弥补期限的亏损额可按分立资产占全部资产的比例进行分配，由分立企业继续弥补。

适用条件的判断：

企业分立活动的企业所得税处理：一般性税务处理和特殊性税务处理。

企业分立的特殊性税务处理条件：

根据财税〔2009〕59 号的规定，如果分立满足以下几个条件，则可以使用特殊税务处理：

（1）具有合理的商业目的，且不以减少、免除或者推迟缴纳税款为主要目的。《国家税务总局关于企业重组业务企业所得税征收管理若干问题的公告》（国家税务总局公告 2015 年第 48 号）第五条规定："企业重组业务适用特殊性税务处理的，申报时，应从以下方面逐条说明企业重组具有合理的商业目的：（一）重组交易的方式；（二）重组交易的实质结果；（三）重组各方涉及的税务状况变化；（四）重组各方涉及的财务状况变化；（五）非居民企业参与重组活动的情况。"

（2）企业分立后的连续 12 个月内不改变分立资产原来的实质性经营活动。

（3）取得股权支付的原主要股东，在分立后连续 12 个月内，不得转让所取得的股权。

（4）被分立企业所有股东按原持股比例取得分立企业的股权，分立企业和被分立企业均不改变原来的实质性经营活动，且被分立企业股东在该企业分立发生时取得的股权支付金额不低于其交易支付总额的85%。

特殊税务处理方法如下：

（1）分立企业接受被分立企业资产和负债的计税基础，根据被分立企业的原有计税基础确定。

（2）被分立企业已分立出去，资产相应的所得税事项由分立企业承继。

（3）被分立企业未超过法定弥补期限的亏损额可按分立资产占全部资产的比例进行分配，由分立企业继续弥补。

（4）被分立企业的股东取得分立企业的股权（以下简称新股），如需部分或全部放弃原持有的被分立企业的股权（以下简称旧股），新股的计税基础应根据放弃旧股的计税基础确定。如不需放弃旧股，则其取得新股的计税基础可从以下两种方法中选择确定：直接将新股的计税基础确定为零；或者以被分立企业分立出去的净资产占被分立企业全部净资产的比例先调减原持有的旧股的计税基础，再将调减的计税基础平均分配到新股上。

（5）暂不确认有关资产的转让所得或损失的，其非股权支付仍应在交易当期确认相应的资产转让所得或损失，并调整相应资产的计税基础。

非股权支付对应的资产转让所得或损失＝（被转让资产的公允价值－被转让资产的计税基础）×（非股权支付金额÷被转让资产的公允价值）

注意下列三表的填报：①企业重组所得税特殊性税务处理报

告表及附表、附件；②企业重组所得税特殊性税务处理申报资料一览表；③企业重组所得税特殊性税务处理统计表。

4. 个人所得税。

本次重组涉及个人所得税征免要根据具体股权支付情况判断，根据审计结果和重组协议具体确定。

适用条件的判断：

《国家税务总局关于股份制企业转增股本和派发红股征免个人所得税的通知》（国税发198号）和《关于转增注册资本征收个人所得税问题的批复》（国税函333号）作出规定："盈余公积金转增个人资本应按照'利息、股息、红利所得'项目征收个人所得税。"《国家税务总局关于股份制企业转增股本和派发红股征免个人所得税的通知》（国税发198号）规定："股份制企业用资本公积金转增股本不属于股息、红利性质的分配，对个人取得的转增股本数额，不作为个人所得，不征收个人所得税。"虽然该文件明确规定资本公积金转增股本不征税，但是，在随后的《国家税务总局关于原城市信用社在转制为城市合作银行过程中个人股增值所得应纳个人所得税的批复》（国税函289号）中进行了相应的补充说明：国税发198号文件中所说的资本公积金转增个人股本不需征税，专指股份制企业股票溢价发行收入形成的资本公积金转增个人股本不作为应税所得，不征收个人所得税，而与此不相符合的其他资本公积金转增个人股本，应当依法征收个人所得税，包括企业接受捐赠、拨款转入、外币资本折算差额、资产评估增值等形成资本公积金转增个人股本要征收个人所得税。

另据财税〔2009〕59号文的规定，在特殊性税务处理的情况下：被分立企业的股东取得分立企业的股权（以下简称新股），如需部分或全部放弃原持有的被分立企业的股权（以下简称旧股），新股的计税基础应以放弃旧股的计税基础确定。如不需放弃旧股，则其取得新股的计税基础可从以下两种方法中选择确定：直接将新股的计税基础确定为零；或者以被分立企业分立出去的净资产占被分立企业全部净资产的比例先调减原持有的旧股的计税基础，再将调减的计税基础平均分配到新股上。

通过上述文件，可以看出国家对于转增资本属于个人部分，需要交纳个人所得税。那么，分立时呢？暂无明文规定。个人认为，企业分立不一定就是将税后利润进行投资，如果将原有投资进行分拆呢？另外，能否参照企业所得税的特殊处理规定，满足一定条件时给予延迟纳税的优惠政策呢？在具体操作上，很可能取决于地方税务机关的判定。

附大连市的相关规定：《大连市地方税务局关于加强企业注销和重组自然人股东个人所得税管理的通知》

大地税函〔2009〕212 号第三条规定：企业分立后，被分立企业存续的，其自然人股东取得的对价应当视为被分立企业的分配，在扣除投资成本后确认为所得，按“利息、股息、红利所得”项目计算征收个人所得税。

《财政部 国家税务总局关于企业重组业务企业所得税处理若干问题的通知》（财税〔2009〕59 号）规定，企业分立选择特殊性税务处理的，以被分立企业分立前的企业期末留存收益、资本公积和非股权支付对应清算所得和损失之和，按股东所占股份比例计算的部分确认为应纳税所得额，计算征收“利息、股息、红利所得”项目个人所得税，应纳税所得额 =［企业期末留存收益 + 企业期末资本公积 +（被转让资产的公允价值 - 被转让资产的计税基础）×（非股权支付金额÷被转让资产的公允价值）］×股东所占股份比例。

《大连市地方税务局关于加强企业注销和重组自然人股东个人所得税管理的通知》第二条、第三条所指“企业合并”“企业分立”“被转让资产的计税基础”与《财政部 国家税务总局关于企业重组业务企业所得税处理若干问题的通知》（财税〔2009〕59 号）所定义的“企业合并”“企业分立”和“被转让资产的计税基础”口径一致。

5. 印花税。

本次重组免征印花税。

适用条件的判断：

财税〔2003〕183 号文《财政部 国家税务总局关于企业改制过程中有关印花税政策的通知》第一条第二款规定：以合并或分立方式成立的新企业，其新启用的资金账簿记载的资金，凡原已贴花的部分可不再贴花，未贴花的部分和以后新增加的资金按规定贴花。合并包括吸收合并和新设合并，分立包括存续分立和新设分立。第三条规定：企业因改制签订的产权转移书据免予贴花。

6. 土地增值税与契税。

本次重组不涉及土地及房屋建筑物，不征土地增值税及契税。

适用条件的判断：

《中华人民共和国土地增值税暂行条例》第二条规定：转让国有土地使用权、地上建筑物及其附着物（以下简称转让房地产）并取得收入的单位和个人，为土地增值税的纳税义务人（以下简称纳税人），应依照本条例缴纳土地增值税。

《中华人民共和国契税暂行条例》第一条规定：在中华人民

共和国境内转移土地、房屋权属，承受的单位和个人为契税的纳税人，应当依照本条例的规定缴纳契税。

（五）操作步骤

1. 召开股东会会议确定重组方案（包含但不限于确定重组基准日）。

2. 与税务部门协调涉税问题。

3. 根据重组方案委托审计。

4. 签订重组协议。

5. 公告。根据公司法对债权债务进行协调，签订三方协议与重组方案的移交接管相协调。

6. 双方就重组相关事项交接。

7. 变更登记。

8. 注意涉税申报。

（六）其他需要说明的问题

1. 本咨询报告是我们按相关财税法规的规定，针对贵公司沟通的事项提出的，仅供贵公司领导决策与参考。报告中所涉及的问题可能是当地主管税务机关在税收征管和相关部门在检查过程中会涉及的。但由于不同的税收征管人员和政府部门的检查人员对同一问题在理解上存在差异以及其自由裁量权的存在，因此，不同的人员对同一问题的解决在合法的范围内可能产生不同的结果。为此，建议贵公司及时加强和相关部门的沟通。

2. 本咨询报告并非鉴定报告，贵公司应正确合理地使用。

土地增值税的税收筹划

土地增值税是指转让国有土地使用权、地上的建筑物及其附着物并取得收入的单位和个人，以转让所取得的收入包括货币收入、实物收入和其他收入减除法定扣除项目金额后的增值额为计税依据向国家缴纳的一种税赋。对于房地产开发企业来讲，土地增值税对企业的利润有较大的影响，相关的税收筹划很重要。房地产企业可以从转让房地产收入、房地产开发成本和利息支出三个方面进行税收筹划。

一、通过确定适当的转让房地产收入进行税收筹划

如果该房地产项目是普通住宅，只是增值率略高于20%的临界点，则可以通过适当降低售价使增值率低于20%。即根据《中华人民共和国土地增值税暂行条例实施细则》第十一条“纳税人建造普通标准住宅出售，增值额未超过本细则第七条（一）、（二）、（三）、（五）、（六）项扣除项目金额之和20%的，免征土地增值税”的规定，进行免征土地增值税的纳税筹划。这样不但能加快销售速度，节约贷款利息，而且能够获得更高的实际税后利润。

当然，如果实际价格可以较高，则一味降低价格的税后利润不一定高。另外，不是所有项目都符合普通住宅标准。

二、通过适当增加房地产开发成本进行税收筹划

近几年装修商品房的销售日益受到广大消费者的欢迎，同时，根据《国家税务总局关于房地产开发企业土地增值税清算管理有关问题的通知》（国税发〔2006〕187号）第四点土地增值税的扣除项目（四）“房地产开发企业销售已装修的房屋，其装修费用可以计入房地产开发成本”的规定，可以将原来的毛坯房装修后再销售，从而进行纳税筹划。

房屋装修费计入房地产开发成本，在计算“财政部规定的扣除项目”时可以加计20%，使得扣除项目金额增加。

三、通过选用不同的利息支出扣除方法进行税收筹划

根据《中华人民共和国土地增值税暂行条例实施细则》第七条（三）中关于利息支出扣除项目之规定：“凡能够按转让房地产项目计算分摊并提供金融机构证明的，允许据实扣除，但最高不能超过按商业银行同类同期贷款利率计算的金额。其他房地产开发费用，按本条（一）、（二）项规定计算的金额之和的5%以内计算扣除。凡不能按转让房地产项目计算分摊利息支出或不能提供金融机构证明的，房地产开发费用按本条（一）、（二）项规定计算的金额之和的10%以内计算扣除。上述计算扣除的具体比例，由各省、自治区、直辖市人民政府规定。”即纳税人能够按转让房地产项目计算分摊利息支出，并能提供金融机构贷款证明的，其允许扣除的房地产开发费用为：利息+（取得土地使用权所支付的金额+房地产开发成本）×5%以内；纳税人不能按转让房地产项目计算分摊利息支出或不能提供金融机构贷款证明的，

其允许扣除的房地产开发费用为：（取得土地使用权所支付的金额 + 房地产开发成本）×10%以内。

企业为房地产项目公司，其业务就是开发这个地块，所以利息支出可以全部归集在这个项目上。房地产开发是资本密集型产业，所需资金量极大，仅靠股东投入的权益资本是远远不够的，所以该企业的外方股东会筹措其投资的中国境内其他全资子公司的富余资金暂时借给该企业周转，此时关联方之间的借款如何操作对土地增值税的纳税筹划来说就显得尤为重要。

企业是否要提供金融机构贷款证明，关键在于实际发生的利息支出占税法规定（取得土地使用权所支付的金额 + 房地产开发成本）的比例。如果实际发生的利息支出比例超过5%，则提供金融机构贷款证明较为有利；如果实际发生的利息支出没有超过5%，则不提供金融机构贷款证明较为有利。

四、土地增值税税收筹划应注意的问题

从上面的分析可以看出，房地产开发企业进行土地增值税税收筹划的空间还是比较大的，但在进行土地增值税税收筹划时应注意以下几点：

1. 税收筹划应该具备超前意识。土地增值税的税收筹划应该从项目的可行性论证、设计、规划到项目的施工、决算贯穿始终。例如，在本案例中，由于设计方案中已确定部分房产的单套建筑面积超过了140平方米的普通住房标准，所以就无法享受“建造普通标准住宅出售，增值额未超过扣除项目金额之和20%的，免征土地增值税”的优惠政策。如果经济业务已经发生，相应的纳税结果已经产生，企业因为承担的税负较重，就利用隐瞒收入、

虚列成本等手段妄图改变纳税结果，就会演变为偷逃国家税款的行为，会受到法律的制裁。

2. 税收筹划不能与税法相抵触。企业在进行税收筹划时不能盲目操作，不能与现行税收法律、法规相抵触。税收筹划的最终目的是降低税收成本，减轻税收负担，这个目标的实现只能是在合法、合理的前提下进行，而且要被征税机关认可。这也就是说，税收筹划要具备自我保护意识，要增强法制观念，熟练掌握税收法律和法规，熟练掌握有关的会计处理技巧和纳税筹划技巧。

3. 其他应注意的问题。税收筹划必须做到业务流程与税收政策相结合，税收政策与筹划方法相结合，筹划方法与会计处理相结合。同时，在土地增值税清算时，扣除项目金额中取得土地使用权支付的金额、房地产开发成本、利息支出、其他房地产开发费用和与转让房地产有关的税金等，都须提供合法有效的凭证；如果不能提供合法有效凭证的，土地增值税清算时不予扣除。

营改增后母子公司所得税的税收筹划

税收筹划是指通过对涉税业务进行策划，制作一整套完整的纳税操作方案，从而达到节税的目的。

例如，某国有企业为一家投资性公司，在国内有5家全资生产型子公司。母公司常年为下属子公司提供财务、工程、审计及采购等咨询服务，向子公司收取咨询服务费。“营改增”试点前，该笔收入按服务业税目缴纳5%的营业税。除了上述服务费收入及来自子公司分配的利润外，母公司无其他收入来源，每年母公司产生约2000万元的经营亏损（不含红利收入）；下属子公司均为增值税一般纳税人，适用企业所得税税率均为25%，且全部盈利。

自2016年5月“营改增”后，咨询服务业增值税税率为6%。公司初步设计并实施了如下纳税方案：

1. 母公司将每年收取的服务价格5000万元/年调整为不含税价格，即含增值税价格为5000×1.06=5300（万元），母公司向子公司开具增值税专用发票；母公司比往年少交营业税300万元。母公司减亏300万元，由于母公司总额亏损，因此无须缴纳企业所得税。子公司支出服务费产生的增值税进项税额均可得到抵扣，子公司增加税收负担为零，也不会增加子公司的所得税。

2. 母公司扩大营业范围或组建新的子公司，尽量将子公司部分相关业务上移或外移，比如将子公司内的运输、仓储、招投标等从子公司剥离，增值税可由子公司抵扣，不增加流转税负担，同时将子公司的部分利润转移至母公司，比如该部分利润为 400 万元，则子公司少交所得税 100 万元，在母公司减亏 400 万元仍亏损的情况下，母公司不需缴纳企业所得税，减少总体所得税负担 100 万元。

3. 如母子公司盈亏差异巨大，还可以采取其他组合方式，比如将亏损的母公司的固定资产以出资方式转移至子公司，然后以相对灵活的租赁方式使用。由于目前年租金普遍低于财务年折旧额，因此在不增加亏损的母公司所得税费用的前提下，将大额的折旧费用转移至盈利的子公司，从而降低盈利子公司的所得税负担。比如年折旧额为 200 万元，年租金为 100 万元，则子公司增加费用 100 万元，少交所得税 25 万元，在母公司减亏 100 万元仍亏损的情况下，母公司不需缴纳所得税，减少总体所得税负担 25 万元。

总之，对于类似母子公司等关联公司来说，应充分运用增值税可抵扣的特点，避免不同公司之间应交增值税税额的巨大差异，同时在控制流转税负担的前提下，尽量通过业务转移、资产转移等方式调节各公司的利润总额，避免出现不同公司之间大额亏损和大额盈利同时存在的现象，减少整体所得税负担。